民法典

法律常识七堂课

裘洁◎著

前言

Preface

现代社会，即使你不从事经常遇到纠纷的商事工作，仍避免不了遇到需要法律支持的各种纠纷。在司法实践中，笔者经常遇到因为事件发生时的处置不慎，导致证据灭失或者诉请提出不当，使得后续诉讼非常艰难的案件；也常常会在庭审中遇到当事人不正确的庭审答辩造成不必要损失的情况。当时笔者就在想："如果当事人可以知道一些常见法律纠纷的对应办法，这笔冤枉钱是可以省下来的。"

本书中，笔者将根据在常见民事纠纷案件中的审判实践，结合真实的案例，针对普通人会遇到的七大法律困境，给读者一些实务上的建议，以期在纠纷真正发生时，您可以最大限度地维护自己的权益。需要说明的是，本书在撰写过程中民法典已经出台但未生效，相关司法解释也未更新，后笔者又根据新法内容进行修订完善，以期内容与时俱进，望读者知晓。

目录

Contents

有人向你借钱时该怎么办
——民间借贷相关问题和解答

入职签合同与离职要补偿
——劳动法律相关问题和解答

从职场性骚扰说起
——性侵犯相关问题和解答

离婚时你该知道的
——离婚制度相关问题和解答

被家庭成员殴打虐待该怎么办
——反家庭暴力相关问题和解答

消费者该如何维权
——消费者权益保护相关问题和解答

发生道路交通事故该怎么办
——道路交通安全法律相关问题和解答

有人向你借钱时该怎么办

——民间借贷相关问题和解答

“有借有还”并不是那么容易。出借人法律知识缺乏、风险防范意识不强、诉讼策略选择不当都可能使自己陷入困境。而且有时候即便有一定的法律意识，但亲戚朋友借钱，又没法开口要求其写一个借款合同。那么，钱该怎么借才安全？首先要从什么是民间借贷讲起。

什么是民间借贷

民间借贷的概念是相对于官方正规金融而言的，泛指自然人之间、自然人与非金融机构的企业法人或其他组织之间的借贷关系。民间借贷并非一个真正法律意义上的概念，只是相对于正规金融机构的借贷行为约定俗成的一个称谓，是没有经过官方金融机构注册的，游离于金融监管之外的私人资金融通活动。非官方性、非正规性，是民间借贷的本质属性。最高人民法院于1991年8月印发的《关于人民法院审理借贷案件的若干意见》（已失效）规定民间借贷的一方必须是公民（自然人），后来2015年6月《最高人民法院关于审理民间借贷案件适用法律若干问题的规定》对主体的规定突破了这一限制。

民间借贷和其他法律关系

在生活实践中，有很多看上去不是借钱，但实际上就是民间借贷的情况。比如，当事人签订房屋买卖合同，约定出卖人在约定期限内回购房屋，并向买受人支付利息的，属以购房合同方式进行借款——买卖合同的本质是转让所有权，即买受人的真实意思是取得所有权。但是，如果当事人签订房屋买卖合同约定，出卖人在约定期限内回购房屋，并向买受人支付利息的，则不符合买卖合同的典型特征，实质上是出卖人以房屋为抵押向买受人进行的借贷活动，这与融资租赁合同的本质是相同的。因此，该合同的性质应当认定为民间借贷合同，而非房屋买卖合同。

案例：2009年2月24日，蔡某作为买受人与开封市瑞信房地产开发公司（以下简称瑞信公司）签订了两份商品房买卖合同，合同约定："……第三条：所购房屋为A区之A17、A18、A19、A20、A21号，F区之02号房，用途为商业；第四条：该商品房总价款600万。"同一天，蔡某向瑞信公司交纳了600万元购房款，双方还签订《商品房买卖合同补充条款》一份，约定蔡某同意瑞信公司于2010年4月24日前，按原价回购上述房屋，并配合解除《商品房买卖合同》。瑞信公司承诺每月24日前，按月息2.2%向蔡某支付利息。合同签订后，瑞信公司自2009年2月24日起至2011年7月24日止，每月向蔡某支付13.2万元的利息。后因经济变故，瑞信公司未依约定支付利息，同时涉案房屋被瑞信公司抵押给第三人。2011年10月12日，蔡某诉至法院，请求判令解除双方合同，瑞信公司按照房屋评估价赔偿其损失。开封市中级人民法院经审理认为：瑞信公司和蔡某签订的商品房买卖合同合法有效，双方之间已经建立了房屋买卖合同关系。瑞信公司在未告知买受人蔡某的情况下，将涉案房屋抵押给第三人，该行为明显构成违约，鉴于目前涉案房屋的价值明显超过合同约定的价款，瑞信公司应按照房屋目前市场价值予以赔偿。法院最后判决解除双方合同，瑞信公司赔偿蔡某损失1445.5万元。瑞信公司不服，提起上诉。河南省高级人民法院在二审审理期间，依照法律程序向蔡某释明本案应为借贷法律关系而非房屋买卖法律关系。释明后，蔡某变更其诉讼请求为判令瑞信公司偿还本金600万元，并支付拖欠利息，赔偿其相应损失。河南省高级人民法院终审判决瑞信公司应向蔡某返还本金，并从2011年7月25日起至借款还清之日止按照中国人民银行同期同类贷款利率的四倍支付利息。

此外，在生活实践中，也常见在其他法律关系中形成了债务，按照民间借贷进行诉讼的情况。对此，法律规定原告以借据、收据、欠条等债权凭证为依据提起民间借贷诉讼，被告依据基础法律关系提出抗辩或者反诉，并提供证据证明债权纠纷非民间借贷行为引起的，人民法院应当依据查明的案件事实，按照基础法律关系审理。当事人通过调解、和解或者清算达成的债权债务协议，不适用前款规定。债权人凭付款凭证起诉而未提供借据的，债务人抗辩并举证证明双方不存在借款合意而存在其他法律关系的，应认定借贷关系不成立。

不受法律保护的借贷关系

我国以往的法律、司法解释及部门规章对自然人的借贷活动基本持较为开放的态度，即使有禁止性规范也是当时对一般民事活动的规范或特殊时期的规范，整体上较为宽松。体现在司法解释中的就是《最高人民法院关于审理民间借贷案件适用法律若干问题的规定》（以下简称《借贷规定》）第十三条仅仅原则性地规定了六种合同无效的情形，分别是：套取金融机构贷款转贷的；以向其他营利法人借贷、向本单位职工集资，或者以向公众非法吸收存款等方式取得的资金转贷的；未依法取得放贷资格的出借人，以营利为目的向社会不特定对象提供借款的；出借人事先知道或者应当知道借款人借款用于违法犯罪活动仍然提供借款的；违反法律、行政法规强制性规定的；违背公序良俗的。主要是有充分证据证明借款用于比较明显的违法行为。

案例：1996年6月，被告杨某林等人开始在富民县境内从事“爽安康”健身器的多层次（又称金字塔式）传销活动。原告张某海向杨某林购买了两台“爽安康”健身器（厂价1400元／台，传销给原告为3920元／台）而成为杨某林的下线。此后，原、被告以共同签订用二人房屋等财产作风险抵押的保证书形式继续发展下线。原告发展了杨某云为下线，杨某云又发展了多名下线。传销期间，原告共获得上线返给的利润1225元。1998年4

月18日，国务院发布了《关于禁止传销经营活动的通知》，同年，国家工商行政管理局下发了《关于贯彻落实〈国务院关于禁止传销经营活动的通知〉的通知》（已失效）。至此，原、被告等人的传销活动停止。杨某云因在传销活动中亏损，遂与原、被告交涉、索赔，原告因此赔偿了杨某云14000元。随后，原告以其系与被告共同签订保证书为由，要求被告分担一半的损失。经协商，被告同意赔偿原告7000元，并于1999年10月31日向原告出具欠条，明确："此欠款每年3月1日赔1000元，7年赔清。"同日，原、被告还签订了一份协议书，约定："经协议，杨某林承认赔张某海的钱，从1999年10月31日起，张某海的下线发生任何事情都与杨某林无关。"由于被告未依欠条约定偿还原告2000年和2001年的款项，原告遂向法院提起诉讼。法院审理后认为：根据双方当事人提交证据所形成的证据链，可以认定上诉人张某海据以主张权利的欠条为其与被上诉人杨某林因传销关系而产生的债权债务；传销活动为我国法律法规所禁止，故该债权债务的性质为非法；合法的债权债务才能受到法律保护，故对张某海的主张不应予以支持。

一个新情况是，法院适用《借贷规定》第十三条规定来认定合同无效的情况越来越多。自改革开放以来，我国民间的职业放贷人已成为一个不可忽视的群体，在民间借贷盛行的背景下，相当部分民间借贷出于职业放贷人，他们持有的资金量非常庞大，对外以放贷为业，赚取利差牟利。这些职业放贷人不仅了解正规金融市场的规则，还了解地下金融市场的潜规则，一方面确实为中小微企业的融资提供了方便、让它们节省了成本；但另一方面也存在推高利率、扰乱金融市场的问题。在当前的新常态下，整个司法政策愈加趋向于收紧民间金融市场，打击职业放贷人，意图将民间借贷的范围规范至其原本处于情谊的资金融通上来。这在《全国法院民商事审判工作会议纪要》中得到集中体现：该会议纪要明确，民间借贷中出借人的资金必须是自有资金。根据《借贷规定》第十三条第（一）项的规定，应当认定此类民间借贷行为无效。人民法院在适用该条规定时，会重点注意以下几点：一是审查出借人的资金来源。借款人能够举证证明在签订借款合同时出借人尚欠银行贷款未还的，一般可以推定为出借人套取信贷资金，但出借人能够举反证予以推翻的除外。二是从宽认定“高利”转贷行为的标准，只要出借人通过转贷行为牟利的，就可以认定为“高利”转贷行为。三是对该条规定的“借款人事先知道或者应当知道”的要件，不宜把握过苛。实践中，只要出借人在签订借款合同时存在尚欠银行贷款未还事实的，一般可以认为满足了该条规定的“借款人事先知道或者应当知道”这一要件。未依法取得放贷资格的以民间借贷为业的法人，以及以民间借贷为业的非法人组织或者自然人从事的民间借贷行为，应当依法认定无效。同时提出，同一出借人在一定期间内多次反复从事有偿民间借贷行为的，一般可以认定为职业放贷人。各地法院均出台针对职业放贷人及其行为后果的规定，对职业放贷行为进行规治，以促进金融服务实体经济的发展，有利于信贷秩序的维护。

案例：马某诉解某宝、孙某荣民间借贷纠纷一案，法院审理后查明了双方借款的事实，同时查明马某于2013年8月30日至2016年3月18日分多次向张某波、洛阳力久重型机械有限公司、洛阳湛澜电子科技有限公司、董某庆、赵某华、孙某智、孙某涛、孙某都等出借资金。据此，法院生效判决认为：民间借贷是指自然人、法人、其他组织之间及其相互之间进行的资金融通行为。民间借贷融资快、手续简便、形式灵活，在一定程度上弥补了正规金融借款的不足，满足了社会多元化的融资需求，促进了多层次信贷市场的形成和完善，但民间借贷活动必须遵循自愿互助、诚实信用原则，遵守国家法律法规的有关规定，合法的民间借贷受法律保护。职业放贷人以放贷为主要业务，以赚取高额利息为主要目的，其放贷对象具有不特定性，放贷行为具有反复性、经常性的特点……职业放贷行为严重扰乱了国家金融秩序，损害了社会公共利益，违反了法律的禁止性规定，对于认定职业放贷后发生的出借资金行为不能认定为合法的民间借贷。案涉民间借贷行为虽无效，但由于马某实际出借了资金，解某宝等应向其支付资金占用期间的使用费。最后法院按照无效合同的规定，对案件作出终审判决。

案例：张某青与张某方订立一协议，双方约定，张某青借给张某方100万元，用于购买杭州市某房产，张某方用其所有的房产作抵押，并承诺终身不嫁他人，一生做张某青的情人。如果张某方违反协议，则应当返还借款，如果张某青提出解除情人关系，则张某方有权不归还借款，将该笔借款充抵作精神赔偿款和生活补助款。后张某青与张某方再次订立补充协议，约定张某青已经出资70万元，以张某方名义购买的杭州市某房产的按揭余款由张某青支付。张某方自愿做张某青的情人，如果张某方违反承诺，则应退还张某青已经支付的70万元及按揭款，如果张某青提出解除与张某方的情人关系，则张某方有权不退还张某青已经支付的70万元及按揭款。在双方以情人关系相聚期间，在没有专属双方生儿育女的协议之前，张某方不得生育。后张某青将张某方诉至杭州市萧山区人民法院，要求确认双方之间的协议无效，要求张某方归还借款70万元，并承担案件的诉讼费用。

杭州市萧山区人民法院经审理认为：张某青与张某方之间订立的协议违反了法律规定和公序良俗，损害了社会公德，破坏了公共秩序，应属无效行为。张某青要求确认该协议无效的理由成立。民事行为无效，所得的财产应返还。杭州市中级人民法院经审理认为：张某青与张某方无视我国的婚姻家庭制度，企图用金钱去维系不正当的情人关系，其行为违背了社会公德，损害了社会的公序良俗。对张某青与张某方所订立的两份协议的内容，法律不予保护。本案不属于人民法院受理民事诉讼的范围。裁定：撤销一审判决，驳回张某青的起诉。

在该案例中，二审法院不但维护了社会风气，还深刻洞悉了人性，判决结果令人拍手称快。

法条

《中华人民共和国民法典》

第六百六十七条 借款合同是借款人向贷款人借款，到期返还借款并支付利息的合同。

《最高人民法院关于审理民间借贷案件适用法律若干问题的规定》

第一条 本规定所称的民间借贷，是指自然人、法人和非法人组织之间进行资金融通的行为。

经金融监管部门批准设立的从事贷款业务的金融机构及其分支机构，因发放贷款等相关金融业务引发的纠纷，不适用本规定。

第十三条 具有下列情形之一的，人民法院应当认定民间借贷合同无效：

（一）套取金融机构贷款转贷的；

（二）以向其他营利法人借贷、向本单位职工集资，或者以向公众非法吸收存款等方式取得的资金转贷的；

（三）未依法取得放贷资格的出借人，以营利为目的向社会不特定对象提供借款的；

（四）出借人事先知道或者应当知道借款人借款用于违法犯罪活动仍然提供借款的；

（五）违反法律、行政法规强制性规定的；

（六）违背公序良俗的。

第十四条 原告以借据、收据、欠条等债权凭证为依据提起民间借贷诉讼，被告依据基础法律关系提出抗辩或者反诉，并提供证据证明债权纠纷非民间借贷行为引起的，人民法院应当依据查明的案件事实，按照基础法律关系审理。

当事人通过调解、和解或者清算达成的债权债务协议，不适用前款规定。

借条的规范写法

民间借贷最核心的证据是借条，规范的借条写法可以参考以下注意事项：

第一，标题一定要写“借条”二字，切莫写成“欠条”，虽然都是钱在别人那儿，但在法律上结果却是完全不同的。

第二，一定写明“今借到×××现金×××元，注明大写×××元整”。特别注意要核实大小写相一致，如果大小写数额不一致，司法实践中会以大写金额为准。

第三，一定写正确出借人、借款人的姓名和身份证号码。最好是在A4纸上先将借款人的身份证正、反面复印在纸张的右下方，然后在上端书写借条。另外，签字后最好捺指印。

第四，如果要求给利息，一定要写明，法律规定不明确约定支付利息的，归还时要求利息是不予支持的。

第五，如果不能确定要求借款人什么时候归还，建议出借人不写归还日期。

下面笔者对这几点关键之处作逐一说明。

借条和欠条

借条是指在借用关系中债务人向出借人开具的表明债务人有到期“还款赎条”的义务的借款凭证，代表的是一种借款合同关系，借款人向出借人借款，出借人给付借款。欠条是指交易过后产生应付账款的一方（债务人）向债权人开具的证明其欠款事实同时表明开具人有到期“还款赎条”义务的凭证。欠条是对以往双方经济往来的一种结算，表明自欠条形成之日起双方之间形成的一种新的纯粹的债权债务关系。

案例：陈某为生计去丹阳打工。2000年七八月间，陈某在舞厅与曾某相识，之后双方即保持一段时间的不正当两性关系。2004年4月29日，曾某出具欠条一份给陈某，注明“欠陈某购房款100000元”，并约定于2004年5月20日前还清。同年6月28日，陈某依据欠条，以曾某未偿还其原本准备用于购房的借款为由，向丹阳市人民法院提起诉讼，要求曾某立即偿还借款100000元。曾某应诉后提供一份正面注明“欠陈某人民币28000元……款全部付清后，从此以后两人不存在任何关系”（落款时间为2003

年7月18日）、背面载有“陈某收款27000元”（落款时间为2003年10月15日）内容的欠条辩称：陈某系舞厅陪侍小姐，双方于2000年8月前后在舞厅相识后开始了交往，后逐渐产生婚外情，并一直保持这种不正当关系。双方在2003年7月曾协议由曾某补贴陈某28000元以了结双方的不正当关系。但2004年年初陈某继续纠缠曾某，曾某答应与陈某再保持4年不正当关系并因此同意给付陈某100000元买房，但因企业资金困难未能及时兑付。双方间并不存在事实上的借贷关系。陈某起诉的债务不应当受到法律的保护。经当庭质证，陈某、曾某对对方提供的欠条表面真实性均无异议，但均否认对方依据欠条所主张的事实。对于双方间曾存在的不正当两性关系，陈某予以确认。陈某在庭审中承认与曾某间未发生过房屋买卖关系，也未委托曾某代其购房，并陈述曾某向其借款是为购房，100000元现金是其分多次出借给曾某的，但其对于借款的次数、出借地点和每次出借的金额以及被告出具欠条当日其是否向曾某出借款项等事实均陈述不明。丹阳市人民法院经审理认为：陈某主张曾某欠其借款100000元，应提供相应的证据予以证明。陈某提供的欠条内容反映的是曾某欠陈某购房款100000元，并不能反映曾某向陈某借款100000元的事实。陈某在诉状中和在庭审陈述中，先后以100000元是自己准备购房的款项和曾某借款是为购房的理由解释欠条的内容，但这两种解释均有悖于通常借款人出具借条的书写习惯。且就100000元借款的相关事实，包括其出借该款的具体情况及被告借款的目的，陈某在诉讼中的陈述前后不一，自相矛盾。甚至连不久之前的2004年4月29日曾某出具欠条之日，其是否曾向曾某出借款项都不能明确，有悖常理。在上述情况下，鉴于二人之间曾存在不正当关系，结合考察双方的年龄、职业、身份等情况，陈某所举证据未能证明借款事实的存在，也不能排除曾某所主张事实的存在。此外，由于双方并不存在房屋买卖关系和委托购房的事实，可以推定欠条所反映的曾某欠陈某100000元购房款的事实不存在。该院遂于2004年7月22日作出判决：驳回原告陈某要求被告曾某偿付借款100000元的诉讼请求。宣判后，原告未提出上诉，一审判决发生法律效力。

由案例可见，欠条作为民间借贷的证据，在形式上就有缺失。原告凭借欠条提起诉讼，天然就承担了更多的证明责任。其若无法向法庭说明欠款的来龙去脉，并提出其他证据予以佐证，则非常有可能败诉。

此外，对于没有还款期限的借条，出借人可以随时向借款人要求还款，诉讼时效从权利人主张权利之时开始计算。权利人再次主张权利的，适用诉讼时效中断的规定。但是如果出借人在借款人出具借条的20年内不主张权利，则诉讼时效不再起算。没有履行期限的欠条，在债务人出具欠条时，权利人就已经知道自己的权利受到了侵害，故权利人应当在欠条出具之日起3年内向人民法院主张权利。也就是说，没有履行期限的欠条从出具之日起计算诉讼时效。对此，《最高人民法院关于债务人在约定的期限届满后未履行债务而出具没有还款日期的欠款条诉讼时效期间应从何时开始计算问题的批复》中指出“双方当事人原约定，供方交货后，需方立即付款。需方收货后因无款可付，经供方同意写了没有还款日期的欠款条。根据《中华人民共和国民法通则》第一百四十条（被《中华人民共和国民法典》第一百九十五条所替代）的规定，应认定诉讼时效中断。如果供方在诉讼时效中断后一直未主张权利，诉讼时效期间则应从供方收到需方所写欠款条之日起重新计算”。正好印证了上述观点。此外，如果权利人在3年的诉讼时效期间内主张过权利，则同样适用诉讼时效中断的规定。

法条

《中华人民共和国民法典》

第六百六十八条 借款合同应当采用书面形式，但是自然人之间借款另有约定的除外。

借款合同的内容一般包括借款种类、币种、用途、数额、利率、期限和还款方式等条款。

《最高人民法院关于审理民间借贷案件适用法律若干问题的规定》

第十四条 原告以借据、收据、欠条等债权凭证为依据提起民间借贷诉讼，被告依据基础法律关系提出抗辩或者反诉，并提供证据证明债权纠纷非民间借贷行为引起的，人民法院应当依据查明的案件事实，按照基础法律关系审理。

当事人通过调解、和解或者清算达成的债权债务协议，不适用前款规定。

大小写金额和“今收到……”的效力

财务记账金额大写的做法，并不是现代人发明的。据说唐朝女皇武则天曾命工匠竖立了一座石碑，碑上面首次出现了大写数字。据明末清初的著名学者、考据家顾炎武考证：“凡数字作壹、贰、叁、肆、伍、陆、柒、捌、玖等，皆武后所改及自制字。”而大写数字广泛使用，是在明朝时期。据史书记载，在朱元璋执政的明朝初年，发生一起重大贪污案——“郭桓案”。那时各地官员要汇报每年的钱粮收入，必须到京城的户部去对账，从地方到京城交通极不方便。明朝法律规定，地方账目要和户部账目一致才可以交差，否则要返回原籍重新核定，这一来一去非常麻烦。为了便于操作，地方官员们便带着盖有官印的空白账本来对账，经过户部认可后，填上一致的数字。郭桓在担任户部侍郎期间发现了其中的漏洞，便私自涂改账目，任职期间大肆贪污政府钱粮，贪污数额累计达2400万石粮。朱元璋对此极为愤怒，他下令将郭桓及上万名同案犯全部斩首示众，同时制定了严厉的惩治贪污法令，为杜绝财务混乱，首要的一条就是把汉字中的数字“一、二、三、四、五、六、七、八、九、十、百、千”在进行钱粮等账务登记时，改写成“壹、贰、叁、肆、伍、陆、柒、捌、玖、拾、陌、阡”。此后人们又逐渐用“佰”“仟”两字代替“陌”“阡”。财务记账金额大写的做法，就一直沿用至今。根据基本的会计规范，汉字大写数字金额如壹、贰、叁、肆、伍、陆、柒、捌、玖、拾、佰、仟、万、亿等，一律用正楷或者行书体书写，不得用一、二、三、四、五、六、七、八、九、十等简化字代替，不得任意自造简化字。大写金额数字到元或者角为止的，在“元”或者

"角"字之后应当写"整"字或者"正"字；大写金额数字有分的，分字后面不写"整"或者"正"字。由于大写金额难以涂改、变造、插入、去尾，故各类财务会计规定均有"大小写不一致的，以大写为准"的规定。

另外，在借条中载明"今收到"，只能免去原告对小额借贷的资金交付事实的证明责任。在数额较大、通常不会采取现金交付的借贷关系中，即使借条中载明了"今收到"，仍然需要出借人保留好转账记录等证据。这主要是由于一些不法高利贷分子，在出借时以"砍头息"（即高利贷或地下钱庄，给借款者放贷时先从本金里面扣除一部分钱，这部分钱称为"砍头息"）的方式谋取不法利益，导致借条中"今收到……"的证明力十分低下，甚至有要求借款人先出具写有"今收到"的借条，然后在没有实际出借的情况下拒不退还借条，甚至以此兴诉要钱的案例。由此，在当前司法实践中对大额民间借贷的交付事实的举证要求较高，建议出借人尽量通过银行或其他网络支付手段转账，避免不必要的风险。

案例：2010年1月，黄某原与某洋公司签订一份借款合同，约定某洋公司向黄某原借款2亿元，并根据某洋公司的要求将款项分批次转入黄某辉个人账户，借款期限为6个月，月利率为1.86%，以每次实际转入账户的金额和时间分别计算。2010年1月至6月，黄某原通过网银转账8500万元给黄某辉，又通过他人转账10246.75万元给黄某辉。2011年3月，某洋公司又与黄某原、某兆公司签订借款合同，约定某洋公司向黄某原借款1.76亿元，并指定将借款分批次汇入双方指定账户。借款期限为180天，借款利率为月利率1.86%。同日，黄某原与某兆公司签订质押合同，约定由某兆公司将其持有的广发银行股份有限公司（以下简称广发银行）3200万股法人股权为某洋公司向黄某原借款1.76亿元提供质押担保，厦门市鹭江公证处对该借款合同、质押合同作了公证，并办理了股权质押登记。2011年4月12日，黄某原通过循环方式，先后汇了38笔款项到某洋公司账号，累计金额为1.76亿元。某洋公司将黄某原汇入的款项，通过他人汇还给黄某原。2011年4月13日，某洋公司出具《收款确认函》，载明："于2011年4月12日收到黄某原汇款共计1.76亿元，该款项已汇至本公司指定的账户。”2011年7月13日，黄某原与某洋公司、某兆公司签订协议书，内容为三方确认某洋公司尚欠黄某原本金1.76亿元、利息9820800元、违约金13024000元、诉讼费921800元、律师费130万元，合计共201066600元；某洋公司同意于本合同签订之日起5日内将上述确认的欠款一次性偿还给黄某原；如某洋公司逾期未归还上述欠款，则某兆公司同意就其拥有的广发银行3200万股法人股权委托资产评估机构进行评估或挂牌拍卖，以评估价值或拍卖价值优先偿还给黄某原。黄某原依据2011年3月签订的借款合同，向一审法院提起诉讼，要求某洋公司返还借款，某兆公司承担担保责任。一审法院认为，黄某原在2011年4月12日当天通过循环方式，先后汇了38笔款项到某洋公司账户，累计金额为1.76亿元，某洋公司将黄某原汇入的款项通过其他方式全部汇还给黄某原。因此，某洋公司出具的《收款确认函》中载明的“收到黄某原汇款共计人民币1.76亿元”与实际情况不符，黄某原没有证据证明其履行了讼争借款合同项下1.76亿元款项的支付义务。至于黄某原提供的其与某洋公司在2010年1月签订的借款合同及网银转账凭证，相关款项的转账时间均是发生在讼争借款合同之前，转账金额与讼争借款合同约定的金额不一致，且是转给黄某原个人而非某洋公司，对此，黄某原无法充分举证证明2010年1月至6月的汇款转账行为与讼争借款合同之间的关联性。因此，其要求某洋公司履行讼争借款合同项下还款义务的诉讼理由不能成立；其要求某兆公司承担担保责任的诉讼请求亦不能予以支持。遂判决驳回黄某原的诉讼请求。黄某原不服一审判决，提起上诉。二审法院认为，黄某原与某洋公司分别于2010年1月、2011年3月各签订一份借款合同。就2011年3月的借款合同而言，黄某原提交的证据存在诸多有悖常理和矛盾之处，认定黄某原履行了2011年3月签订的借款合同项下1.76亿元的出借义务，证据不足。判决驳回上诉，维持原判。

最高人民法院认为，民间借贷虽然不同于银行借贷，但它们都是由借款人向出借人借款，到期返还借款并支付利息的合同（有些民间借贷没有约定利息）。当事人无法证明已经履行出借款项义务的，无权要求借款人偿还借款。

法条

《中华人民共和国民法典》

第六百七十条 借款的利息不得预先在本金中扣除。利息预先在本金中扣除的，应当按照实际借款数额返还借款并计算利息。

借条要明确出借人和借款人的身份

很多时候我们都知道借条上要写借款人姓名，让借款人签字，但经常有人不写出借人姓名。而借条作为民间借贷合同的凭证，如果只载有借款人姓名，可能遇到借款人否认借条持有人为出借人的情况。虽然法院在一般情况下基于日常经验规则，会推定持有人为出借人，但若根据具体案情，仅凭借条难以达到高度可信的程度，则这种推定不能成立。

案例：原告卢某起诉称，两被告系夫妻关系。2007年8月22日，被告林某因资金周转困难，向原告借款20万元，双方约定以月利率1.5%计算，还款日期至2007年9月5日，如超过还款日期除支付上述利息外，借款人还要支付每日万分之五的违约金（法律起诉等其他追还费用由被告全部负责），并由被告林某向原告出具了其亲笔签名的借条一份。后经原告多次催讨，被告仍以各种理由搪塞。现原告起诉请求判令：两被告共同偿还原告借款20万元及利息（从2007年8月22日起至实际履行之日止按月利率1.5%计算）；诉讼费、律师费由被告负担。在审理过程中，原告放弃要求被告支付律师费的诉讼请求。被告林某、颜某答辩称：被告并没有向原告借过钱。其是经过陈某介绍，向案外人应某借了20万元，该款也是通过陈某给被告的。借条亦是向应某出具的，在场人只有被告、应某及陈某三人，借条上只有被告及应某的笔迹，而出借人一栏当时是空着的。被告已分多次向应某还清本金和利息。而被告与原告一直不认识，后原告确就该笔款项向被告讨要，但被告认为其与原告素不相识，原告是敲诈，便与原告发生了争打，并向派出所报案。因为应某是原告朋友，应某把被告出具的借条送过来交与卢某，派出所便没有再继续处理此事。就该争打之事，经黄某调解，被告向原告支付了2万元的医药费。借款本息被告已向应某支付完毕，应某委托原告将该借条还于被告，但原告现却填上自己的名字并以此借条起诉被告，故请求驳回原告诉讼请求。一审法院经公开审理后判决驳回原告诉讼请求。二审法院判决：驳回上诉，维持原判。法院生效裁判认为：本案争议的焦点是被上诉人林某是否向上诉人卢某借款20万元。上诉人提供的借条除借款时间、还款时间、借款人、借款金额等是填写的外，其他条款均是事先打印。双方一致认可借条上“林某”的签名及指印是被上诉人林某所为，借款时间等其他空白处均由应某填写，出具借条时出借人一栏空白，卢某的名字是上诉人卢某事后填写。因此，借条能够证明借款时应某在场，而不能证明上诉人同时也在现场。如果存在被上诉人向上诉人借款，即使出借人没有在场，借条上也应当载明出借人，而不是该栏空白，由债权人事后填写，这显然不符合常情。上诉人在二审中陈述当时向谁借款不确定，应某和卢某两人谁出钱就写谁的名字。即便如此，也说明出具借条时债权人尚未确定。由于出借人一栏空白，上诉人也没有提供证据证明被上诉人明知上诉人是出借人，而且应某系联系人及经办人，被上诉人有理由相信所借款项系应某筹集，故其向应某履行债务并无不当。虽然上诉人持有借条原件，但该借条明显存在瑕疵，而且上诉人在一、二审中对款项来源及借款经过等陈述存在矛盾，又无相关证据证明自己是本案借款的出借人。鉴于被上诉人已向应某履行了债务，且属于善意履行，上诉人虽持有债权凭证，但其要求被上诉人偿还借款的主张，不予支持。

借条当然也要明确借款人的身份。借款人的身份应当是确定的，这一点没有人会有疑问。但是，怎样算是借款人的“身份确定”呢？借条常见的错误之一是不写身份证号码。有时候，借款人署名的只是他多个名字中的一个，甚至可能只是绰号。当借款人否认借条为其所写，甚至拿出身份证来说明其本人不叫这个名字之时，出借人就陷入了十分尴尬的境地。在这种情况下，法院就要经过笔迹鉴定来确定真实的借款人，这样无疑会大大拖长诉讼期限，增加双方当事人的讼累，也浪费了司法资源。为了防范这种不必要的麻烦，借贷关系的双方当事人在借款时可在借款人的身份证复印件上写借条，并由借款一方写上自己的身份证号码，并捺手印确认。或者，双方可以使用有关机构提供的标准的借条格式来书写借条，这样一旦发生纠纷，将有利于当事人和法院确定双方的权利义务，减少不必要的麻烦。

法条

《最高人民法院关于审理民间借贷案件适用法律若干问题的规定》

第十五条 原告仅依据借据、收据、欠条等债权凭证提起民间借贷诉讼，被告抗辩已经偿还借款的，被告应当对其主张提供证据证明。被告提供相应证据证明其主张后，原告仍应就借贷关系的存续承担举证责任。

被告抗辩借贷行为尚未实际发生并能作出合理说明的，人民法院应当结合借贷金额、款项交付、当事人的经济能力、当地或者当事人之间的交易方式、交易习惯、当事人财产变动情况以及证人证言等事实和因素，综合判断查证借贷事实是否发生。

第十八条 人民法院审理民间借贷纠纷案件时发现有下列情形之一的，应当严格审查借贷发生的原因、时间、地点、款项来源、交付方式、款项流向以及借贷双方的关系、经济状况等事实，综合判断是否属于虚假民事诉讼：

（一）出借人明显不具备出借能力；

（二）出借人起诉所依据的事实和理由明显不符合常理；

（三）出借人不能提交债权凭证或者提交的债权凭证存在伪造的可能；

（四）当事人双方在一定期限内多次参加民间借贷诉讼；

（五）当事人无正当理由拒不到庭参加诉讼，委托代理人对借贷事实陈述不清或者陈述前后矛盾；

（六）当事人双方对借贷事实的发生没有任何争议或者诉辩明显不符合常理；

（七）借款人的配偶或者合伙人、案外人的其他债权人提出有事实依据的异议；

（八）当事人在其他纠纷中存在低价转让财产的情形；

（九）当事人不正当放弃权利；

（十）其他可能存在虚假民间借贷诉讼的情形。

关于借款利息的约定

民间借贷不同于金融机构借款，由于出借主体、出借目的的不同，逐利性并非其天然本性。但借贷双方仍可以在自由意志的支配下，在法律允许的范围内市场化约定利率。由此，民间借贷可以有偿，也可以无偿。约定利息的，应当明确无歧义的载明利息的计算方式。借贷双方没有约定利息，出借人主张支付借期内利息的，人民法院当然不予支持。自然人之间借贷对利息约定不明，出借人主张支付利息的，人民法院也不予支持。除自然人之间借贷的外，借贷双方对借贷利息约定不明，出借人主张利息的，人民法院应当结合民间借贷合同的内容，并根据当地或者当事人的交易方式、交易习惯、市场利率等因素确定利息。但对于利息约定不明的理解不可以绝对化。对于利息约定不明的确定，就其实质而言，应为合同漏洞补充。这种补充是为了还原合同签署时双方的真实意思表示，而非替当事人重新设立利息条款。所以当根据双方的借贷关系的成因、往来、市场背景，可以高度可信地还原利息条款真意时，不应当简单粗暴地认为没有利息。

案例：2000年12月20日，蔡某辉与许某林共向蔡某满借款2万元，每人1万元。同日，蔡某辉与许某林立下借条交给蔡某满执存，该借条载明："兹有蔡某辉、许某林两人向蔡某满借款人民币2万元（贰万元整），利息以1%计算，2000年12月20日，借款人：蔡某辉、许某林。"后来，许某林还清了借款。蔡某辉经蔡某满催讨，于2007年8月20日、12月16日，2008年7月26日，2009年2月26日分别付还蔡某满各2000元，合计8000元。之后，双方对尚欠蔡某满借款的数额有争议，蔡某满遂起诉至法院，请求判令蔡某辉归还借款1万元本金及负担本案的诉讼费。蔡某辉辩称：对借条载明借款金额1万元没有异议，但对蔡某满主张的双方约定按月1%支付利息有异议，认为双方没有约定利息是按月1%支付还是按年1%支付，属约定不明，应视为不支付利息。蔡某辉对自己主张的还款金额8000元提供协议一份，证明2007年9月18日双方协议由蔡某辉分期付还蔡某满借款，自约定之日起至2009年2月26日前蔡某辉共付还蔡某满8000元本金。蔡某满对蔡某辉提供的协议有异议，认为该协议是蔡某辉自制的，蔡某满并没有与蔡某辉达成还款协议，但蔡某满对该协议记载的自2007年8月20日至2009年2月26日蔡某辉4次还款8000元没有异议，认为蔡某辉付还的8000元是付还2000年12月20日该笔借款的利息。广东省揭阳市揭东县人民法院一审认为：2000年12月20日的借条，该借条中记载“利息以1%计算”，而蔡某辉不承认，因借条没有明确利息的计付方式，双方约定不明确，视为不支付利息，并以此作出判决。蔡某满不服一审判决提起上诉。广东省揭阳市中级人民法院二审认为：当事人对合同条款的理解有争议的，应当按照合同所使用的词句、合同的有关条款、合同的目的、交易习惯以及诚实信用原则，确定该条款的真实意思。蔡某满将资金借给蔡某辉做生意，不是向生活有需要的亲朋好友提供无偿帮助，其目的应是通过提供借款来获取利益；蔡某辉自己书写借条承诺利息以1%计算，说明该借款是要支付利息的，而不是无息借款，现以自己书写的内容不明确为由主张借款应视为不支付利息，有违诚信原则；民间借贷基于计算方便等方面的考虑，对利率进行约定时通常是约定月利率而不是约定年利率。综上，遵循合同解释的原则，借条记载“利息以1%计算”应当理解为月利率1%较符合民间交易习惯。据此二审对一审予以改判。蔡某辉不服二审判决，向广东省人民检察院申诉，广东省人民检察院提起抗诉。广东省高级人民法院再审认为：首先，上述借条明确约定了蔡某辉向蔡某满借款须支付利息，但蔡某辉在案中主张其无须向蔡某满支付利息，民事活动应当遵循诚实信用原则的规定。其次，另一借款人许某林在二审期间出具书面证言证实上述借条约定的利率为月利率1%。蔡某辉不能否认该证言的真实性，参照许某林陈述的事实，双方约定的利息计算标准应为月利率1%。最后，蔡某满借款给蔡某辉系用于营利性的生产经营，并非日常生活所需，双方约定的1%的利率应认定为月利率更符合日常的交易惯例。二审判决认为应按照民间交易习惯对借条的内容进行解释，该意见并非蔡某满的主张，而是二审法院的观点，故广东省人民检察院认为应由蔡某满承担交易习惯的举证责任不当。遂依法作出再审判决：维持二审民事判决。

民间借贷的利率

利息预先在本金中扣除的，应当按实际出借款数计息

民间传统高利贷口诀为“诸葛亮借东风、九出十三归”，即按照九计算本金，归还时连本带利按十三归还。在当前，且不去考虑超过利率限制无效的问题，“借十出九”的“砍头息”也不合法。在司法实践中，出借人主张债权凭证载明金额即为实际出借本金数额、借款人主张利息提前扣除债权凭证载明金额与实际收到金额不一致，待证事实存在与否不能确定、真伪不明时，应当由出借人证明其实际交付的款项。

案例：2011年12月26日，杨某作为甲方（出借人）与乙方（借款人）金兰公司、丙方（担保人）李某签订借款协议，约定杨某出借1500万元给金兰公司作为流动资金，借款期限自2012年1月15日至2012年7月6日，月利率为2%，利息总额为180万元，如乙方不按期归还借款，逾期还款利率按4%计算违约金。丙方作为保证人，为乙方提供连带责任保证。2012年1月17日，杨某向金兰公司转账支付1500万元。2012年1月18日，金兰公司支付给杨某现金180万元。借款到期后，金兰公司没有及时付款，杨某起诉至一审法院，要求金兰公司归还借款1500万元，并按照月利率2%支付利

息。金兰公司抗辩称本金应按照1320万元计算。从案涉借款协议约定来看，借款期限为2012年1月15日至2012年7月6日，月利率为2%，利息总额为180万元。本案关键在借款人在次日便将180万元利息归还给出借人，是否属于利息预先扣除情形、出借人要求归还本息是按照1500万元还是按照1320万元计算本金。首先，就利息性质而言，利息是按约定利率计算的孳息，是借款人完全支配和使用借款本金所承担的成本，是借款人使用该借款本金所创造经济效益一部分利润转移给出借人。如果事先从借款本金中扣除利息，无疑使借款人利用本金创造经济效益的资金条件受到限制，这对于借款人来说是不公平的。其次，在民间借贷中，出借人的主要义务是提供借款，借款人的主要义务是偿还所借款项并支付利息。本案中，当事人完全可以就返还利息时间进行协商，如果协商不成，应该根据法律规定、交易方式、交易惯例进行确定。当事人借款是为了取得利益，包括借款的期限利益，如果次日即偿还借款，无疑剥夺了借款人对于部分借款本金的期限利益。本案情形虽然并不属于出借人预先扣除利息后交付本金，并非典型的“本金中扣除利息”的行为，但对于此种行为的认可，无疑是当事人可以借此规避法律强制性规定的纵容。所以，对于此种行为，结合法律规定、利息性质分析，应该予以否定性评价。

同时，双方约定的利率超过合同成立时一年期贷款市场报价利率四倍的，法院也不予支持。所谓“一年期贷款市场报价利率”，是指中国人民银行授权全国银行间同业拆借中心自2019年8月20日起每月发布的一年期贷款市场报价利率（2021年5月20日贷款市场报价利率1年期为3.85%，5年期以上为4.65%）。如此，诸葛亮借东风若是借期一年，利率便超过了法律保护的上限。

民间借贷中双方当事人约定复利

由于利滚利的计算方法，在传统观念中，复利经常被烙上剥削、高利贷的印记，因而对民间借贷中关于复利的约定能否支持存有不同的观点。一般认为，双方当事人在借款发生时自愿约定复利，且在最后还本付息时，复利没有超过法定最高限度的，应当予以支持。理由如下：首先，禁止复利没有法律依据。我国法律中并无关于复利的禁止性规定。在私法领域，法无禁止即为许可，因此一概否定复利缺乏法律依据。其次，从经济学角度讲，利息是因出借人暂时放弃货币的使用权而获得的报酬，利率作为利息与本金的比例，被视为货币作为一种商品的价格。单利和复利仅是利息的两种计算方法，如果当事人自愿采取这种方法计算，又不超过法定最高限度，没有理由不予允许。再次，从形式上看，将前期借款本息合并一起出具新的借条，可以看作双方对以前已经发生的借款的结算和确认，是对以前债权、债务关系一次总的处理和新的认识，不违反当事人意愿，符合合同自由和意思自治。最后，无论是银行贷款还是民间借贷，利息的本质都是相同的，都是借款人使用货币应支付的报酬。既然银行贷款允许计收复利，民间借贷就无禁止复利之理。同时，虽允许计算复利，但法律对此予以一定的限制。因此对于超过最高限度的部分，人民法院不能保护。

案例：吴某定与俞某芬系夫妻，刘某林（已死亡）和董某桂妃系夫妻，刘某勇为刘某林、董某桂妃之子，福灵羊毛衫厂的投资人为刘某林。2006年2月，俞某芬将2001年在福灵羊毛衫厂刘某林处的全部债权转让给吴某定。2006年2月3日，福灵羊毛衫厂向吴某定出具收款收据一张，载明“俞某芬存刘某林处本金10000元，存款转入利息8300元”；2006年2月14日，福灵羊毛衫厂向吴某定出具收款收据一张，载明“俞某芬存刘某林处本金10000元，存款转入利息8000元”；2006年12月30日，福灵羊毛衫厂向吴某定出具收款收据一张，载明“吴某定存刘某林处本金5600元，存款转入利息3900元”。三张收款收据均有福灵羊毛衫厂的发票专用章和当时投资人刘某勇的签名，并注明“年息壹分”。2007年9月，福灵羊毛衫厂付给吴某定人民币2000元。后经吴某定催讨，福灵羊毛衫厂没有还本付息。2008年3月6日，吴某定起诉至法院，要求判令福灵羊毛衫厂立即还借款人民币

45800元，利息6643.16元，并支付自起诉之日起至借款还清之日止年息按10%计算的利息。2008年4月9日，原告申请要求追加刘某勇为共同被告，要求其承担连带清偿责任。2008年10月23日，原告在庭审时以利息计算错误为由，变更诉讼请求中的利息计算方法为起诉时起至借款还清之日止按年息10%计算的利息。法院对利息认定为：原、被告双方虽然约定年息为一分，利息计入本金计收复利，但原告将利息计入本金计算复利，其利率并没有超过银行同类贷款利率的4倍，依照1991年《最高人民法院关于人民法院审理借贷案件的若干意见》第七条，法院予以支持。

《最高人民法院关于人民法院审理借贷案件的若干意见》虽然已经失效，但在其基础上，《最高人民法院关于审理民间借贷案件适用法律若干问题的规定》第二十七条继承了其精神，并对于合法限度内的复利的计算做了进一步细化的规定："借贷双方对前期借款本息结算后将利息计入后期借款本金并重新出具债权凭证，如果前期利率没有超过合同成立时一年期贷款市场报价利率四倍，重新出具的债权凭证载明的金额可认定为后期借款本金。超过部分的利息，不应认定为后期借款本金。按前款计算，借款人在借款期间届满后应当支付的本息之和，超过以最初借款本金与以最初借款本金为基数、以合同成立时一年期贷款市场报价利率四倍计算的整个借款期间的利息之和的，人民法院不予支持。"

民间借贷中约定的逾期利息、违约金、其他费用并存

法律并未禁止当事人在借款合同中约定违约金，也未禁止当事人约定逾期利息。在两者并存的情形下，虽在性质上都属于违约金，但属于两个并不相同的概念，两者适用的条件也并不相同，故两者可以同时适用。但为了维护公平原则，在两者同时适用时，应当作出最高数额的限制。同理，出借人和借款人可能会在借款合同中约定借款人应向出借人支付服务费、咨询费、管理费等"其他费用"，这些费用虽名目不同，但实质上仍属于借款人为获得

借款支付的成本。一般认为，借款人获得借款的成本应主要以利息形式体现，约定的其他费用多数情况下是双方为了规避对利率上限的规定，故在此种情形下，若出借人一并主张逾期利息、违约金和其他费用，折算下来总计不能超过上述四倍的限制，对于超过的部分，人民法院不予支持。

法条

《中华人民共和国民法典》

第六百七十条 借款的利息不得预先在本金中扣除。利息预先在本金中扣除的，应当按照实际借款数额返还借款并计算利息。

第六百八十条 禁止高利放贷，借款的利率不得违反国家有关规定。

借款合同对支付利息没有约定的，视为没有利息。

借款合同对支付利息约定不明确，当事人不能达成补充协议的，按照当地或者当事人的交易方式、交易习惯、市场利率等因素确定利息；自然人之间借款的，视为没有利息。

《最高人民法院关于审理民间借贷案件适用法律若干问题的规定》

第二十四条 借贷双方没有约定利息，出借人主张支付利息的，人民法院不予支持。

自然人之间借贷对利息约定不明，出借人主张支付利息的，人民法院不予支持。除自然人之间借贷的外，借贷双方对借贷利息约定不明，出借人主张利息的，人民法院应当结合民间借贷合同的内容，并根据当地或者当事人的交易方式、交易习惯、市场报价利率等因素确定利息。

第二十五条 出借人请求借款人按照合同约定利率支付利息的，人民法院应予支持，但是双方约定的利率超过合同成立时一年期贷款市场报价利率四倍的除外。

前款所称“一年期贷款市场报价利率”，是指中国人民银行授权全国银行间同业拆借中心自2019年8月20日起每月发布的一年期贷款市场报价利率。

第二十六条 借据、收据、欠条等债权凭证载明的借款金额，一般认定为本金。预先在本金中扣除利息的，人民法院应当将实际出借的金额认定为本金。

第二十七条 借贷双方对前期借款本息结算后将利息计入后期借款本金并重新出具债权凭证，如果前期利率没有超过合同成立时一年期贷款市场报价利率四倍，重新出具的债权凭证载明的金额可认定为后期借款本金。超过部分的利息，不应认定为后期借款本金。

按前款计算，借款人在借款期间届满后应当支付的本息之和，超过以最初借款本金与以最初借款本金为基数、以合同成立时一年期贷款市场报价利率四倍计算的整个借款期间的利息之和的，人民法院不予支持。

第二十八条 借贷双方对逾期利率有约定的，从其约定，但是以不超过合同成立时一年期贷款市场报价利率四倍为限。

未约定逾期利率或者约定不明的，人民法院可以区分不同情况处理：

（一）既未约定借期内利率，也未约定逾期利率，出借人主张借款人自逾期还款之日起参照当时一年期贷款市场报价利率标准计算的利息承担逾期还款违约责任的，人民法院应予支持；

（二）约定了借期内利率但是未约定逾期利率，出借人主张借款人自逾期还款之日起按照借期内利率支付资金占用期间利息的，人民法院应予支持。

第二十九条 出借人与借款人既约定了逾期利率，又约定了违约金或者其他费用，出借人可以选择主张逾期利息、违约金或者其他费用，也可以一并主张，但是总计超过合同成立时一年期贷款市场报价利率四倍的部分，人民法院不予支持。

第三十条 借款人可以提前偿还借款，但是当事人另有约定的除外。

借款人提前偿还借款并主张按照实际借款期限计算利息的，人民法院应予支持。

还款日期和提前还款

借条上可以约定借期，也可以不约定。对于没有还款期限的借条，出借人可以随时向借款人要求还款，诉讼时效从权利人主张权利之时开始计算。因此，如果借期较长，不约定借款期限可能更好。如果约定了借期，借款人提前偿还借款的，应当按照实际借款期间计算利息。提前偿还借款，原则上借款人不构成违约，无须承担违约责任，但是如果当事人在合同中明确约定了借款人提前偿还借款需要承担的责任，则应结合合同的具体约定作出不同处理：如果合同约定借款人需要赔偿损失的，则需要出借人证明是否受有损失以及损失的具体数额；如果出借人因提前收回贷款而获得收益的，还可以适用损益相抵的规则对这部分收益进行扣除；如果合同约定了借款人需要支付违约金的，可以结合出借人的具体损失对过高的违约金进行调整，且要符合关于利息上限的规定。

法条

《中华人民共和国民法典》

第六百七十五条 借款人应当按照约定的期限返还借款。对借款期限没有约定或者约定不明确，依据本法第五百一十条的规定仍不能确定的，借款人可以随时返还；贷款人可以催告借款人在合理期限内返还。

第六百七十六条 借款人未按照约定的期限返还借款的，应当按照约定或者国家有关规定支付逾期利息。

第六百七十七条 借款人提前返还借款的，除当事人另有约定外，应当按照实际借款的期间计算利息。

第六百七十八条 借款人可以在还款期限届满前向贷款人申请展期；贷款人同意的，可以展期。

《最高人民法院关于审理民间借贷案件适用法律若干问题的规定》

第三十条 借款人可以提前偿还借款，但是当事人另有约定的除外。

借款人提前偿还借款并主张按照实际借款期限计算利息的，人民法院应予支持。

证据不齐备时的挽救

民间借贷纠纷如果进入诉讼，那么证据就变得非常重要。如果大家按照前文所述，规范书写了借条，并通过银行转账的方式固定了证据，那么诉讼对你来说不会是个问题。但在很多情况下，或是出于人情不便，或是出于疏忽未能留下交付款项的凭证，甚至是口头约定现金交付而没有实际出具借条，则诉讼会变得很艰难。

仅有合意凭证的诉讼

如果原告仅依据借据、收据、欠条等债权凭证提起民间借贷诉讼，此时被告常见抗辩有两种，一种是没有收到钱。在过去，法院审理此类情况时，更加倾向于有书证即可认定事实。在借据、收据、欠条等债权凭证的真实性可以确认的情况下，认为这些证据是双方当事人之间存在借贷法律关系的直接证据，因而可以据此认定借贷关系真实存在。但随着民间借贷市场的发展，陌生人之间的以牟利为目的的资金融通行为大量发生，出现了各类情况，单凭债权凭证已经无法查明全部的事实。故法院根据民间借贷的立法本意，对案件事实进行“借贷合意”和“支付事实”的双重审查。也就是说，原告只有借条这一“合意凭证”还不够，还需要有证明自己交付了款项的“交付凭证”。一般来说，对熟人之间的小额借款，法院不会有那么苛刻的要求，通常可以说明款项来源、交付时间和当时的情况，即认为原告完成举证义务。但对于陌生人之间的大额借款，尤其是有职业放贷嫌疑的借款，则会严格到几乎不再认定现金，只认银行转账的程度。应对的最好方法当然是转账，并在转账附言中注明“出借款”，以避免对款项性质的争议。

另一种是收到过钱，但已经还了。《最高人民法院关于审理民间借贷案件适用法律若干问题的规定》第十五条第一款对此的规定是："原告仅依据借据、收据、欠条等债权凭证提起民间借贷诉讼，被告抗辩已经偿还借款的，被告应当对其主张提供证据证明。被告提供相应证据证明其主张后，原告仍应就借贷关系的存续承担举证责任。"实践中，被告对原告提交的金融机构转账凭证的真实性往往不存在异议，因为这些凭证的真伪容易核实查清。但对凭证所反映的转账目的，被告则可能以转账系偿还双方之前借款或其他债务等为由，从而否认原告提出的借款事实主张。被告对于其所主张的双方之间存在其他借款关系或者其他债权债务关系等，应负相应的举证责任，需要提供证据予以证明。在被告举证证明双方之间存在其他借款关系或者其他债权债务关系的情况下，原告对其于起诉时所主张的借款关系的存在，需要进一步提供证据证明。从理论上看，如果被告对原告提出的借款关系主张提出了反对，并且对所持反对主张提供了充分证据予以证明，则应当可以认定被告的反对主张成立，从而否定原告的主张。但是，实践中存在被告虽然提出相应主张和证据，但证据的证明力难以达到确证其他债权债务关系存在的问题。在此情况下，需要原告进一步举证，从而使法官能够对双方当事人所举证据进行分析认定，对原告所主张的借款事实是否真实存在作出准确判断。

仅有支付凭证的诉讼

如果反过来，原告仅依据金融机构的转账凭证提起民间借贷诉讼，没有相应的合意凭证，此时该如何处理呢？这种情况特别复杂，虽然《最高人民法院关于审理民间借贷案件适用法律若干问题的规定》第十六条对此规定："原告仅依据金融机构的转账凭证提起民间借贷诉讼，被告抗辩转账系偿还双方之前借款或者其他债务的，被告应当对其主张提供证据证明。被告提供相应证据证明其主张后，原告仍应就借贷关系的成立承担举证证明责任。"但在司法实践中，如何正确理解和适用这一条，仍存在较大争议。被告未提出该转账系还款或基于其他法律关系的债务履行作为抗辩，或者被告虽提出前述抗辩但未提供相应的证据，绝大多数法院采用推定方式直接认定借贷事实成立。但也有一部分法院认为，被告未举证或是未能举证款项为还款或其他债务，不能免去原告方借贷合意的举证责任，应该结合庭审陈述、当事人的经济能力、当地或者当事人之间的交易方式、交易习惯、双方已往经济往来等情况综合认定借贷关系成立或不成立。但无论如何，被告出庭应诉并提出相应抗辩是适用第十六条的前提。在没有借条的情况下，对于原告来说，要尽力收集双方的电话录音、文字通信记录、相关知情人的证人证言，来证明借款的事实，保护自己的权利。

案例：2008年王某云与张某相识，双方是同事关系。王某云分别于2011年12月26日、2012年1月5日、2012年1月8日、2012年2月6日、2012年2月20日、2012年3月9日、2012年8月16日、2012年9月25日向张某的银行账户汇款5万元、5万元、5万元、1.5万元、5万元、44万元、10万元、11万元，共计86.5万元。一审庭审中，王某云主张上述款项系借款，但双方之间并未形成书面的借款凭证。张某主张，案涉款项均为王某云对公司的投入，而非个人之间的借款。案涉借款除了44万元之外，张某是以公司法定代表人的身份为公司员工发工资才发生了款项的转移，不是为了个人使用而进行借款。一审法院经审理后查明，在案涉汇款期间，张某多次向王某云发送短信或通过聊天软件进行交流，表达了借款的意思。一审判决认为，自然人之间的借款合同，自出借人提供借款时生效。依据王某云提交的证据，可以认定王某云与张某之间存在民间借贷法律关系，该借贷关系成立且生效。且张某未主张亦未举证证明其与王某云之间不存在民间借贷关系。该院对王某云的诉讼请求予以支持。张某不服一审判决提出上诉，二审法院经审理后认为：该案争议焦点在于案涉款项是否为借款。《最高人民法院关于审理民间借贷案件适用法律若干问题的规定》第十六条规定："原告仅依据金融机构的转账凭证提起民间借贷诉讼，被告抗辩转账系偿还双方之前借款或者其他债务的，被告应当对其主张提供证据证明。被告提供相应证据证明其主张后，原告仍应就借贷关系的成立承担举证责任。”本案中，王某云提交了向张某转账的记录，张某对收到款项不持异议，但辩称该款项并非借款，则张某应对其主张提供证据予以证明。张某主张案涉款项中44万元为投资人给他的增资款，其余部分为王某云出借给公司的借款，对此张某未提交充分证据予以证明，法院不予采信。另外，案涉款项均付至张某个人账户，从张某与王某云之间的短信、聊天记录来看，其体现了张某借款、愿意偿还的意思表示，也佐证了王某云所称的双方借款一般不出具借条的情形。故法院认定双方就案涉款项存在借贷合意，双方的民间借贷关系是双方真实意思表示，不违反法律、行政法规的强制性规定，应属有效，王某云已提供了案涉借款，张某亦应履行还款义务。张某的上诉意见缺乏事实和法律依据，二审不予支持。判决驳回上诉，维持原判。

法条

《最高人民法院关于审理民间借贷案件适用法律若干问题的规定》

第十五条 原告仅依据借据、收据、欠条等债权凭证提起民间借贷诉讼，被告抗辩已经偿还借款的，被告应当对其主张提供证据证明。被告提供相应证据证明其主张后，原告仍应就借贷关系的存续承担举证责任。

被告抗辩借贷行为尚未实际发生并能作出合理说明的，人民法院应当结合借贷金额、款项交付、当事人的经济能力、当地或者当事人之间的交易方式、交易习惯、当事人财产变动情况以及证人证言等事实和因素，综合判断查证借贷事实是否发生。

第十六条 原告仅依据金融机构的转账凭证提起民间借贷诉讼，被告抗辩转账系偿还双方之前借款或者其他债务的，被告应当对其主张提供证据证明。被告提供相应证据证明其主张后，原告仍应就借贷关系的成立承担举证责任。

民间借贷中的第三人

有时候，除出借人和借款人外，民间借贷还会涉及第三人。这里将常见情况列举于下。

第一种情况：以自己名义替他人借款，应当承担还款责任。实践中，存在大量实际用款人与名义借款人不符的情况。例如，A需要资金，欲向B借款。但B出于对A还款能力的不信任，不愿向A提供借款。A向还款能力强、信用度高的C求助，由C与B签订借款合同，借款给A使用。在A不能偿还借款的情况下，B应向A还是C主张权利？该案的争议焦点就是实际用款人与名义借款人不符时，应由谁承担还款义务。要回答这一问题，首先要了解民法上的“合同相对性”理论。所谓的“合同相对性”，主要指的是合同仅在签订合同的当事人之间发生效力，对合同外第三人不发生效力。合同一方当事人只能向另一方当事人提出合同上的请求和提起诉讼，而不能向与合同无关的第三人提出合同上的请求及提起诉讼。因此，即使名义借款人并未实际使用借款，其仍应根据合同相对性，承担相应的合同义务。

第二种情况：出借人依照约定将借款付给第三人，借款人应当还款。如果双方约定，出借人要把借款支付给借款人约定的第三人，那么贷款人就不会直接把借款付给借款人，借款人也不会直接收取借款，借款会根据双方约定付给特定的第三人。此时，借贷法律关系仍然成立，借款人向双方约定的第三人支付借款后，借款人应该根据约定向出借人归还借款、支付利息等。

第三种情况：第三人在借条上仅有签字的，一般认定为见证人。第三人在借条上签字不外乎两种身份：保证人或者见证人。见证人就是“在场人”，是证明、见证债权、债务发生的人，无须对借款人的债务承担任何责任。而保证人则是需要以其个人信誉和财产对借款人的债务承担保证责任的人。由于保证人承担的是一种单务、无偿的法律责任，因此在保证人没有作出提供保证的真实意思表示的情况下，是不能推定其负有保证责任的。所以，第三人仅在借条上签字，没有注明是保证人，亦无法通过借条中的文义推断其有保证意思的，一般认定为见证人，不承担保证责任。但是，如果有证据表明第三人的签字有保证的意思，则应当认定其为保证人，对借款人的债务承担保证责任。

法条

《最高人民法院关于审理民间借贷案件适用法律若干问题的规定》

第二十条 他人在借据、收据、欠条等债权凭证或者借款合同上签名或者盖章，但未表明其保证人身份或者承担保证责任，或者通过其他事实不能推定其为保证人，出借人请求其承担保证责任的，人民法院不予支持。

入职签合同与离职要补偿

——劳动法律相关问题和解答

求职找工作中，不少人在拿到劳动合同的那刻，可能连合同内容都没看清，就挥着笔杆子“签签签”。当真正与用人单位发生纠纷时才发现：自己没有存留劳动合同副本，连劳动关系都无法证明；劳动报酬约定不明，用人单位想发多少发多少；离职时证书被单位扣住，扬言不支付违约金就不放……实践中大量劳动者权利被侵犯的案件，大多源于签订劳动合同时相关知识不足。在劳动关系中，劳动力拥有者和使用者天然不平等。劳动者只有通过劳动才能维持自身和家庭的生存和发展。劳动者的生存权面对资方的用工自主权总是处于弱势。劳动者要维护自己的权利，就必须依靠劳动合同法等法律法规。

劳动合同和劳务关系

劳动合同是用人单位与劳动者进行双向选择、确定劳动关系、明确双方权利和义务的协议，是保护劳动者合法权益的基本依据。1994年通过的《中华人民共和国劳动法》将劳动合同制度作为法定的用工制度，规定适用不同所有制的用人单位，劳动者也从新招用的职工扩大到所有的劳动者，不分固定工和临时工，不分管理人员和普通工人。该法实施及修订以来的实践证明，其对实现劳动力资源的市场配置、促进劳动力的合理流动，发挥了十分重要的作用。但是，随着我国市场经济的建立和发展，劳动用工情况多样化，劳动关系发生了巨大的变化，出现了一些新型的劳动关系，如非全日制用工、劳务派遣工。同时，在实行劳动合同制的过程中也出现了一些问题，如用人单位不签订劳动合同、劳动合同短期化、滥用试用期、用人单位随意解除劳动合同、将正常的劳动用工变为劳务派遣等。因此，为了对劳动合同制度作进一步的完善，2007年6月全国人民代表大会常务委员会第二十八次会议通过《中华人民共和国劳动合同法》(2012年进行修订),规定中华人民共和国境内的企业、个体经济组织、民办非企业单位等组织(以下简称用人单位)与劳动者建立劳动关系,订立、履行、变更、解除或者终止劳动合同,适用本法。此时就出现了第一个问题:什么是劳动关系?一般认为,劳动关系是指因劳动者与用人单位依法签订劳动合同而在劳动者与用人单位之间产生的法律关系。劳动者接受用人单位的管理,从事用人单位安排的工作,成为用人单位的成员,从用人单位领取劳动报酬和受劳动保护。

这个定义在过去还是可以比较清晰地与其他法律关系区分开来的。但随着互联网与经济的深度融合,催生了"互联网+"模式下的新型劳动关系,如专车代驾、网络主播、外卖配送、家政服务等新兴行业纷纷兴起。传统的"企业+员工"的劳动关系逐渐被"网络平台+个人"的共享经济劳动方式所取代,传统用工关系中的从属性特征不断弱化,网络平台与劳务提供者之间是否成立劳动关系,是"互联网+"用工模式下劳动争议处理的难点。在传统用工模式下,"从属性"是区分劳动关系与劳务关系的判断标准,包括人格从属性、经济从属性、管理从属性。而网络平台用工灵活性特征,使从业者提供劳务和平台管理方式更为多样,劳动报酬支付也相对灵活,从属性有所减弱。即使在双方签订用工协议的情况下,也很难从表面上判断劳动关系成立与否。

在司法判例中,法院以从属性作为判断劳动关系的依据和法理逻辑,对劳务提供者和网络平台之间的纠纷,更多地判定二者为劳务关系,也有判定为劳动关系的,因此引发不少争议。比如,某网络主播与平台劳动纠纷案,在劳动仲裁阶段被裁定有劳动关系,后又被法院判决推翻;一快递小哥与平台争议案,一审认定双方存在劳动关系,二审又推翻;两起代驾司机所涉交通事故案中,两家法院分别作出了劳动关系、劳务关系不同的判决;等等。类似劳动关系与劳务关系之争,不仅是我国的法律难题,也是世界上不少国家或地区感到棘手的问题。

案例：2017年6月，太昌餐饮公司（甲方）与第三人锐速科技公司（乙方）签订合作协议，约定甲方授权乙方在重庆市长寿区经营“饿了么”蜂鸟配送业务；乙方员工工资由甲方通过银行直接代发。2017年8月3日，李某华与锐速科技公司签订劳务承揽协议，约定李某华为该公司提供餐饮配送工作，报酬为送单提成，每单提成5元，没有底薪，自带交通工具送餐。李某华称，工作中其通过手机登录平台App软件，平时根据该软件接收订单。接单、取单、送单的工作流程都通过该软件来操作完成，李某华接单后可以由其自行完成取单、送单，亦可交由他人代为完成，如遇中班和晚班需到太昌餐饮公司办公场所参加早会，接受安全教育。李某华2017年9月至11月的报酬均由太昌餐饮公司通过银行转账支付。2017年11月，李某华在送餐途中摔倒致伤后经仲裁向法院提起诉讼，要求确认其与太昌餐饮公司自2017年8月3日至今存在劳动关系。重庆市长寿区人民法院经审理认为，本案的争议焦点在于原、被告之间是否存在劳动关系。本案中，原告确系在被告授权第三人经营的“饿了么”重庆市长寿区范围内从事送餐工作。根据原告的陈述，其每天通过手机软件登录平台点击上下班，并通过该网络平台接单、取单、送单，但原告主要工作为送餐服务，无须到被告办公场所上下班；对原告等骑手安全教育、服务态度标准等要求也并不是严格意义上的企业管理；原告自带交通工具，报酬根据送餐数量多少确定。同时，原告认可实际在第三人处工作，且与第三人签订了劳务承揽协议。由此可以认定，原、被告之间不存在劳动关系。法院遂判决驳回原告李某华的诉讼请求。一审宣判后，双方均未上诉。

那么，该如何判断双方到底是什么关系呢？那年笔者刚进单位，接手的一个重要任务是起草下级法院的一个请示答复（请示制度是下级法院对某一法律适用问题把握不准，向上级法院请示的一种方式。在过去很常见，现在随着法院的去行政化和基层法院法官水平的提高，这个制度已经逐渐淡出司法日常）。请示的内容为：出租车车主是否要为代班司机在夜间运营时被害承担民事赔偿责任。挂靠在公司的出租车是按月交“份子钱”的，为了最大化出租车的价值，车辆24小时运营。然而出租车车主不可能24小时工作，就请了一个外地人来帮他开车。双方约定：每天18时至次日6时由外地人开车，其间油费自理，收入自留，按天数交给出租车车主固定费用。有一天，外地人被人打劫并杀害。案件侦破后，凶手被抓到，没有任何赔偿能力，且被判处死刑。被害人家属起诉出租车车主，要求其承担雇主责任。

笔者接到工作以后觉得，这么简单的案子也要请示？然后笔者开始洋洋洒洒地从人身支配、劳动成果的分配和租金的支付方式等角度进行说理论证，得出结论：被害人与车主之间并非雇佣关系，而是自担风险、自负盈亏的承包关系，车主无须赔偿代班司机。报告完成之后，这个意见得到了肯定。笔者感觉自己牛气冲天，每每讨论类似案件就要晒一下在此案中的"高超分析"。后来一次到省城出差和出租车司机聊起这件事，司机告诉笔者他们当地的法院不是这样判的，他们判车主赔偿了代班司机。笔者心里咯噔一下，因为清楚这个法院的水平，不太可能是错判，但仍然觉得自己的法律分析无懈可击。从此以后，笔者很少再跟人提及这个案件，因为开始发现哪里不太对劲。

直到有一天，一个了解案件的民事法官向笔者提起这个案件，说："审委会也不知道怎么就这么定下来。那个外地司机还有一个文盲无业的妻子，养着一个3岁的男孩。只拿到救助的1万块，办丧事都不太够，不知道以后怎么活。"原谅笔者文笔太差，无法形容当时心情的万分之一。就像一桶冰水从头上浇下来，冷到骨子里都在颤，整个人都要靠在桌子上才能不倒下去，眼前阵阵发黑，足足5分钟才缓过来。那一刻笔者才真正体会到，判决书上的名字都是一个个活生生的人。认定劳动关系不是一个单纯的法律技术分析，而是在保障劳动者的基本权利和社会经济的稳定中寻求平衡。

法条

《中华人民共和国民法典》

第四百八十三条 承诺生效时合同成立，但是法律另有规定或者当事人另有约定的除外。

第四百九十条 当事人采用合同书形式订立合同的，自当事人均签名、盖章或者按指印时合同成立。在签名、盖章或者按指印之前，当事人一方已经履行主要义务，对方接受时，该合同成立。

法律、行政法规规定或者当事人约定合同应当采用书面形式订立，当事人未采用书面形式但是一方已经履行主要义务，对方接受时，该合同成立。

第四百九十二条 承诺生效的地点为合同成立的地点。

采用数据电文形式订立合同的，收件人的主营业地为合同成立的地点；没有主营业地的，其住所地为合同成立的地点。当事人另有约定的，按照其约定。

《中华人民共和国劳动法》

第十六条 劳动合同是劳动者与用人单位确立劳动关系、明确双方权利和义务的协议。

建立劳动关系应当订立劳动合同。

《中华人民共和国劳动合同法》

第一条 为了完善劳动合同制度，明确劳动合同双方当事人的权利和义务，保护劳动者的合法权益，构建和发展和谐稳定的劳动关系，制定本法。

第二条 中华人民共和国境内的企业、个体经济组织、民办非企业单位等组织（以下称用人单位）与劳动者建立劳动关系，订立、履行、变更、解除或者终止劳动合同，适用本法。

国家机关、事业单位、社会团体和与其建立劳动关系的劳动者，订立、履行、变更、解除或者终止劳动合同，依照本法执行。

劳动合同的订立

劳动者和用人单位的知情权

《中华人民共和国劳动合同法》规定用人单位在招用劳动者时，应当如实告知劳动者工作内容、工作条件、工作地点、职业危害、安全生产状况、劳动报酬，以及劳动者要求了解的其他情况。这是因为在劳动合同的订立过程中，有关用人单位的情况和具体劳动岗位等信息严重不对称，劳动者往往缺乏有效途径全面了解有关劳动合同的情况。为了平衡用人单位和劳动者信息不对称的地位，防止用人单位利用信息优势侵害劳动者的合法权益，法律规定了用人单位有如实告知的义务。对于劳动者来说，其也有权了解以上情况。对于劳动者而言，签订合同前必须充分了解两方面的情况：一是要弄清单位的基本情况，要判断是否为合法企业，它的法人代表姓名、单位地址、电话要知道，这些信息可以通过上网查询工商登记信息获取，同时，也要求将这些内容明确写在合同中。二是要弄清自己的具体工作，并在合同中写明工作的时间、内容和具体地点。

案例：张某住在北京市海淀区四季青桥附近，她到离家很近的一个连锁超市应聘就职。过了一段时间，公司将她调到大兴的连锁店工作，因而产生纠纷。合同上只写了张某要在北京工作，因这起劳动争议案的焦点是合同约定的工作具体地点不详，最终张某败诉。

案例：赵某应聘某汽车厂担任总装调试工，这是技术活儿，工资较高；后来，企业将他调到一个非技术的低薪岗位，他不愿干，与企业发生劳动争议后，发现合同上写的是担任“操作工”，这是一个范畴很广的工种，没有明确具体的工作性质，最后赵某败诉。

我国《劳动合同法》也规定了用人单位有权了解劳动者与劳动合同直接相关的基本情况，劳动者应当如实说明。这里说的用人单位有权了解劳动者的情况：一是与劳动合同直接相关的基本情况，主要包括健康状况、知识技能及工作经历的情况；二是与劳动合同间接相关的基本情况，而不包括与从事劳动没有直接关系的个人情况，如婚姻状况。婚姻状况属于个人隐私，一般而言与劳动者是否胜任工作岗位无关，劳动者对此并不负有告知义务，故而隐瞒婚姻状况不构成欺诈。若劳动者隐瞒或者虚构了自己与劳动合同直接相关的基本情况，就可能要承担法律责任。

案例：自称做过客户总监的鲜某，与甲公司签订了为期3年的劳动合同。然而在试用期内，甲公司发现鲜某的工作经历是伪造的，便与其解除了劳动合同。鲜某要求甲公司支付一定的经济补偿，遂诉至法院。甲公司辩称，解除劳动合同是因鲜某的个人简历存在虚假情形，不符合公司录用条件，故有权解除合同并无须支付经济补偿。法院经审理认为，劳动者在试用期间被证明不符合录用条件的，用人单位可以解除劳动合同。甲公司在招录时，明确将"如实报告个人情况，不得隐瞒伪造个人信息"列为公司录用条件。鲜某填写的《入职登记表》载明，其曾在乙公司担任客户总监职务，而乙公司则证明鲜某没有在该公司有过任职经历。鲜某在庭审过程中亦自认其在乙公司的工作经历是编造的。综上，法院认为鲜某伪造简历的行为与甲公司录用条件不符，甲公司与其解除劳动合同，并无不当。同时，鲜某签字确认的《员工入职承诺书》载明："本人承诺在入职时提供的工作经历真实、准确、有效。一经核实本人提供虚假材料，公司有权即时解除与本人的劳动合同关系，且无须支付任何经济补偿金。"据此，法院对鲜某主张经济补偿的诉讼请求不予支持。

法条

《中华人民共和国劳动合同法》

第三条 订立劳动合同，应当遵循合法、公平、平等自愿、协商一致、诚实信用的原则。

依法订立的劳动合同具有约束力，用人单位与劳动者应当履行劳动合同约定的义务。

第八条 用人单位招用劳动者时，应当如实告知劳动者工作内容、工作条件、工作地点、职业危害、安全生产状况、劳动报酬，以及劳动者要求了解的其他情况；用人单位有权了解劳动者与劳动合同直接相关的基本情况，劳动者应当如实说明。

用人单位不得扣押劳动者证件和要求提供担保

为了保护劳动者的合法权益，防止用人单位滥用优势地位，我国一贯禁止用人单位扣押劳动者的居民身份证或者其他证件，要求劳动者提供担保或者以其他名义向劳动者收取财物。如1995年原劳动部《关于贯彻执行〈中华人民共和国劳动法〉若干问题的意见》第二十四条规定，用人单位在与劳动者订立劳动合同时，不得以任何形式向劳动者收取定金、保证金（物）或抵押金（物）。《中华人民共和国劳动合同法》第八十四条第一款、第二款同时规定了用人单位的法律责任："用人单位违反本法规定，扣押劳动者居民身份证等证件的，由劳动行政部门责令限期退还劳动者本人，并依照有关法律规定给予处罚。用人单位违反本法规定，以担保或者其他名义向劳动者收取财物的，由劳动行政部门责令限期退还劳动者本人，并以每人五百元以上二千元以下的标准处以罚款；给劳动者造成损害的，应当承担赔偿责任。"

笔者曾经办理过一个案件，法院支持了劳动者归还风险押金，并赔偿损失的诉讼请求。

案例：张某在某运输公司从事驾驶员工作期间，单位向其收取了风险押金2万元。5年后张某离职，单位归还了全部风险押金。张某提出单位收取风险押金违法，除返还本金外，还需要赔偿利息。单位不同意，张某遂诉诸法律。一审法院审理后认为：运输公司收取风险押金，属违法，给张某造成损害的，应当承担赔偿责任。根据运输公司占用风险押金的时间，确认按中国人民银行5年期贷款利率计算，运输公司应赔偿张某利息损失共计6516元，但并没有给出支持该利息赔偿的具体法律条文。宣判后，运输公司不服判决，提起上诉称：原判确认被上诉人交纳的风险抵押金按照5年期贷款利率计算无法律依据，计算经济损失的方式应当按照活期存款利率。原审法院在没有法律依据的情况下按照贷款利率计算，难以让人信服。据此，恳请二审法院依法改判。从民事案件的思路来看，劳动合同中的押金条款无效，应当返还劳动者押金。如果造成了劳动者损失，可以请求赔偿。但该损失的举证责任应当由劳动者承担。一般情况下，劳动者只能获得同期存款利率的赔偿。但是从商事案件的角度来看，用人单位占用这笔资金，应当支付相应的对价，该对价即资本的市场价格，也就是同期贷款利息。在原审原告没有明确请求权法律基础的情况下，从维护一审裁判和保护劳动者权益的立场出发，二审法院认为劳务派遣单位和用工单位不得向被派遣劳动者收取费用。故某运输公司占有张某风险押金的民事行为违反法律规定，是无效民事行为。当事人因该行为取得的财产，应当返还给受损失的一方。返还的不当利益，应当包括原物和原物所生的孳息。某运输公司在没有法律依据的情况下长时间占用张某资金，获得了利益，造成了张某的损失。张某诉请的“违法收取押金的利息损失”即该笔资金的法定孳息，应当归属张某。法定孳息的本质是取得他人财产用益权能的对价，即占有使用他人财产应当支付的成本，其计算标准应当按照某运输公司使用资金的成本进行考量。某运输公司作为有限公司系商业主体，其使用资金的成本可以参考企业借用资金的一般途径的价格来计算，即银行同期贷款利率。原审未在判决中引用赔偿利息的直接法律依据系适用法律不当，但处理结果正确，可予维持。故法院对于某运输公司的上诉请求不予采纳。判决驳回上诉，维持原判。

法条

《中华人民共和国劳动合同法》

第八十四条 用人单位违反本法规定，扣押劳动者居民身份证等证件的，由劳动行政部门责令限期退还劳动者本人，并依照有关法律规定给予处罚。

用人单位违反本法规定，以担保或者其他名义向劳动者收取财物的，由劳动行政部门责令限期退还劳动者本人，并以每人五百元以上二千元以下的标准处以罚款；给劳动者造成损害的，应当承担赔偿责任。

劳动者依法解除或者终止劳动合同，用人单位扣押劳动者档案或者其他物品的，依照前款规定处罚。

订立书面劳动合同

订立书面劳动合同时，要注意以下内容：一是劳动报酬的支付方式与支付时间要明确，是现金还是通过银行支付到账户中。有的单位采取扣发员工一个月工资的方式拴住劳动者，这种行为不具有法定效力。如果劳动合同终止后，用人单位拒绝提供被扣发的劳动报酬，劳动者可以通过劳动仲裁解决问题。二是劳动者工作时间与工作条件要明确。有的劳动者为多挣钱，默认了企业要求严重超时的加班加点。现在越来越多的工资争议案就是因此而起。此外，工作的环境有毒有害，尤其是化学性的制革、制鞋行业企业，还有机械加工行业可能给工人带来机械性伤害的工作环境，都要在合同中对环境危害可能造成的伤害明确表达出来。三是社会保险约定。有的企业以“不办社保可以多领工资”来误导劳动者主动选择放弃社保。社保涉及养老的问题，一旦发生工伤意外等，最快速的解决方式是先通过劳动者购买的社会保险，快速选择走工伤保险补助的绿色通道救死扶伤。因此，有了社保就等于有了保障。四是不要签空白合同。空白合同是指企业为应付检查，拿出空白合同，先让劳动者签名、捺手印，走一个过场，劳动者也不拿合同当回事儿，有的合同甚至没有盖章。一旦发生劳动争议，对劳动者极其不利。

在书面合同的订立过程中，要特别注意的是所有的待遇条款，特别是劳动报酬，必须写入书面合同，如标准工资是多少、有没有奖金、奖金是根据什么标准发放的。这些一定要在合同中体现，不要轻信老板的口头承诺。笔者办过一个案件，劳动者因对口头约定举证不能而败诉。

案例：2010年11月，王某国受船舶公司邀请担任总经理助理，主要负责在建38000吨级自航半潜船全船的技术和管理工作。2012年11月5日，38000吨级自航半潜船开航后，王某国回到公司上班。后双方就王某国在2010年11月至2012年10月、2012年11月至2013年12月两段时间在船舶公司工作期间的劳动报酬问题发生争议。王某国主张公司负责人曾经口头承诺自己在回到公司上班后仍然按照船舶建设期间的标准支付劳动报酬。公司方面对此予以否认，表示劳动报酬应当按照书面合同支付。一审法院认定王某国在2012年11月至2013年12月工作期间双方劳动合同约定年薪为15万元。一审法院认为：船舶公司已支付了王某国2013年1月至6月的全部工资，但未支付2012年11月至12月、2013年7月至12月8个月的全部工资，应予补足。王某国要求按50%的标准加付赔偿金的请求，因《中华人民共和国劳动合同法》第八十五条规定的加付条件是劳动行政部门责令限期支付劳动报酬而逾期不支付的情形才加付赔偿金，本案不存在该情形，故不能支持。二审法院认为，一审法院认定王某国2012年11月至2013年12月年薪为15万元正确，对双方曾经另外口头约定薪酬标准的上诉主张缺乏证据支持，法院不予采信。这个案件在审理过程中，原告还拿出了与老板交谈时的对话录音。但该录音中，老板并没有明确认可当初存在口头协议，只是以“你去找财务处理”推搪，故无法作为定案依据，上诉请求无法被法院支持。

《中华人民共和国劳动合同法》也规定，对于已建立劳动关系，但是用人单位与劳动者未以书面形式订立劳动合同，自用工之日起一个月内仍未订立的，应当向劳动者每月支付二倍的工资，对超过一年仍未订立的，视为订立了无固定期限劳动合同（所以双倍工资最多为11个月）。用人单位招用劳动者未订立书面劳动合同，但同时具备下列情形的，劳动关系成立：一是用人单位和劳动者符合法律、法规规定的主体资格；二是用人单位依法制定的各项规章制度适用于劳动者，劳动者受用人单位的劳动管理，从事用人单位安排的有报酬的工作；三是劳动者提供的劳动是用人单位业务的组成部分。

案例：2019年4月，邹某入职A公司从事收银员工作。2019年5月至9月，A公司为邹某办理了个人所得税缴纳手续，邹某工作期间的平均工资为5830.88元，但A公司一直未与邹某订立书面劳动合同。2019年8月底，邹某从A公司离职后，提起劳动仲裁，要求确认与A公司存在劳动关系，并要求A公司支付双倍工资47377元。后仲裁裁决：（1）A公司与邹某存在劳动关系；（2）A公司支付邹某双倍工资23323.52元。A公司不服仲裁裁决，向法院提起诉讼。庭审中，A公司负责人坚持认为，系邹某自己主动要求不签劳动合同，单位没有过错，所以拒绝赔付双倍工资。承办法官针对用人单位法律认识上的误区，对其详细宣讲我国劳动法的有关规定，以及判决对公司的不利后果。同时，耐心做邹某的调解工作，帮其分析本案利害关系。最终邹某同意做出适当让步，双方成功达成调解协议：A公司与邹某确认于2019年5月至2019年9月存在事实劳动关系；A公司赔付邹某双倍工资16500元。

这里也需要提一下无固定期限劳动合同。劳动合同分为固定期限劳动合同、无固定期限劳动合同和以完成一定工作任务为期限的劳动合同。劳动合同期限是指劳动合同的有效时间，是劳动关系当事人双方享有权利和履行义务的时间。固定期限劳动合同，是指用人单位与劳动者约定合同终止时间的劳动合同，如三年或者五年。无固定期限劳动合同，是指用人单位与劳动者约定无确定终止时间的劳动合同。无固定期限劳动合同就是长期合同，如果不发生可以解除劳动合同的法定事由，用人单位不能单方解除劳动合同；如果单方解除，则要承担法律责任。以完成一定工作任务为期限的劳动合同，是指用人单位与劳动者约定以某项工作的完成为合同期限的劳动合同。相对来说，无固定期限劳动合同对劳动者的保障最为有力，但也并非传说中的“铁饭碗”。虽然法律允许双方协商一致签订无固定期限劳动合同，但以用人单位的强势地位，其一般不愿意与一般劳动者签订这样的合同。为了保护劳动者的权益，《中华人民共和国劳动合同法》第十四条第二款将订立无固定期限劳动合同的主动权交给了劳动者，在三种情况下除劳动者提出订立固定期限劳动合同外，应当订立无固定期限劳动合同：一是劳动者在该用人单位连续工作满十年的；二是用人单位初次实行劳动合同制度或者国有企业改制重新订立劳动合同时，劳动者在该用人单位连续工作满十年且距法定退休年龄不足十年的；三是连续订立二次固定期限劳动合同，且劳动者没有本法第三十九条和第四十条第（一）项、第（二）项规定的情形，续订劳动合同的。需要注意的是，符合以上三种情况的，仍然需要劳动者提出签订无固定期限劳动合同，如果签订的是固定期限劳动合同，劳动者对此也没有异议，那么就会被认为是放弃了此项权利。

法条

《中华人民共和国劳动合同法》

第十条 建立劳动关系，应当订立书面劳动合同。

已建立劳动关系，未同时订立书面劳动合同的，应当自用工之日起一个月内订立书面劳动合同。

用人单位与劳动者在用工前订立劳动合同的，劳动关系自用工之日起建立。

第十一条 用人单位未在用工的同时订立书面劳动合同，与劳动者约定的劳动报酬不明确的，新招用的劳动者的劳动报酬按照集体合同规定的标准执行；没有集体合同或者集体合同未规定的，实行同工同酬。

第十二条 劳动合同分为固定期限劳动合同、无固定期限劳动合同和以完成一定工作任务为期限的劳动合同。

第十三条 固定期限劳动合同，是指用人单位与劳动者约定合同终止时间的劳动合同。

用人单位与劳动者协商一致，可以订立固定期限劳动合同。

第十四条 无固定期限劳动合同，是指用人单位与劳动者约定无确定终止时间的劳动合同。

用人单位与劳动者协商一致，可以订立无固定期限劳动合同。有下列情形之一，劳动者提出或者同意续订、订立劳动合同的，除劳动者提出订立固定期限劳动合同外，应当订立无固定期限劳动合同：

（一）劳动者在该用人单位连续工作满十年的；

（二）用人单位初次实行劳动合同制度或者国有企业改制重新订立劳动合同时，劳动者在该用人单位连续工作满十年且距法定退休年龄不足十年的；

（三）连续订立二次固定期限劳动合同，且劳动者没有本法第三十九条和第四十条第一项、第二项规定的情形，续订劳动合同的。

用人单位自用工之日起满一年不与劳动者订立书面劳动合同的，视为用人单位与劳动者已订立无固定期限劳动合同。

第十五条 以完成一定工作任务为期限的劳动合同，是指用人单位与劳动者约定以某项工作的完成为合同期限的劳动合同。

用人单位与劳动者协商一致，可以订立以完成一定工作任务为期限的劳动合同。

第八十二条 用人单位自用工之日起超过一个月不满一年未与劳动者订立书面劳动合同的，应当向劳动者每月支付二倍的工资。

用人单位违反本法规定不与劳动者订立无固定期限劳动合同的，自应当订立无固定期限劳动合同之日起向劳动者每月支付二倍的工资。

合同的生效和持有

劳动合同的生效，是指具备有效要件的劳动合同按其意思表示的内容产生了法律效力，这时劳动合同的内容才对签约双方具有法律约束力。劳动合同是劳动者与用人单位之间建立劳动关系的依据，是双方当事人明确各自权利与义务的基本形式，也是劳动者维护自身合法权益的最直接的证据。在现实生活中，不少用人单位以种种理由拒绝将属于劳动者本人的劳动合同交给劳动者，一旦与用人单位发生劳动争议，劳动者则处于举证不利的境地，其合法权益极易遭受侵害。因此，我国《劳动合同法》规定，劳动合同文本应当由用人单位和劳动者各执一份。有的企业在合同签订后，把两份合同都收走，发生争议时，劳动者手里没有合同，单位甚至不承认有此人。就算是劳动者有其他证据证明其曾经在用人单位工作，那么诉讼过程也会变得冗长烦琐。在笔者办理的某个工伤案件中，用人单位方直言不讳："我们先和你打确认劳动关系的诉讼，管辖异议、一审二审之类的程序方式全部用上。如果输了不服工伤认定，程序继续走起……等全部程序走完三五年就过了，公司还有没有都不知道。所以我建议你接受我们的和解方案。"作为案件的承办人，笔者心里很不是滋味，但确如此言：如果没有劳动合同，维权就会卡在第一步。

案例：马某亮于2013年5月至瑞某船舶公司从事电焊工作。同年9月16日19时，马某亮在瑞某船舶公司承包的位于江湾船厂船坞"东城油16"船甲板更换消防管过程中受伤，次日至普陀医院住院治疗，经诊断为右尺骨鹰嘴撕脱性骨折，住院治疗至同年10月17日出院。瑞某船舶公司未为马某亮缴纳社会保险，马某亮于2014年11月7日提出解除劳动关系。一审法院认为：工伤认定书确认马某亮工伤事实，马某亮可以享受工伤保险待遇，瑞某船舶公司未为马某亮缴纳社会保险，导致马某亮无法享受工伤保险待遇，故应由瑞某船舶公司向马某亮支付相应待遇费用。瑞某船舶公司主张双方之间不存在劳动关系等抗辩均未能提供充足证据证实，对瑞某船舶公司的抗辩不予采信。宣判后，瑞某船舶公司不服，提起上诉称：被上诉人不是上诉人单位职工，被上诉人是蒋某忠雇用的人员。上诉人将部分安装工程承包给蒋某忠，工程款也支付给他本人，没有直接和被上诉人建立劳动关系或劳务关系，因此也不应当承担被上诉人受伤的医疗费用。法院认为，瑞某船舶公司于2013年11月18日向舟山市普陀区人力资源和社会保障局提出工伤认定申请，请求确认马某亮系工伤的行为，表明其认可马某亮为其员工。行政部门据此出具了工伤认定书，并发生了法律效力，在没有相反证据的情况下，应当推定其记载的事项为真实。确认马某亮为瑞某船舶公司员工。

有时候，用人单位会在合同期内要求重新签订合同，此时保留原合同也非常重要。如果用人单位在与劳动者重新订立的劳动合同中取消给予劳动者重大权益的条款，且未告知劳动者，劳动者在不知情的情况下签字，不是真实的意思表示，新订立的劳动合同无效。

法条

《中华人民共和国劳动合同法》

第十六条 劳动合同由用人单位与劳动者协商一致，并经用人单位与劳动者在劳动合同文本上签字或者盖章生效。

劳动合同文本由用人单位和劳动者各执一份。

第十七条 劳动合同应当具备以下条款：

（一）用人单位的名称、住所和法定代表人或者主要负责人；

（二）劳动者的姓名、住址和居民身份证或者其他有效身份证件号码；

（三）劳动合同期限；

（四）工作内容和工作地点；

（五）工作时间和休息休假；

（六）劳动报酬；

（七）社会保险；

（八）劳动保护、劳动条件和职业危害防护；

（九）法律、法规规定应当纳入劳动合同的其他事项。

劳动合同除前款规定的必备条款外，用人单位与劳动者可以约定试用期、培训、保守秘密、补充保险和福利待遇等其他事项。

第十八条 劳动合同对劳动报酬和劳动条件等标准约定不明确，引发争议的，用人单位与劳动者可以重新协商；协商不成的，适用集体合同规定；没有集体合同或者集体合同未规定劳动报酬的，实行同工同酬；没有集体合同或者集体合同未规定劳动条件等标准的，适用国家有关规定。

试用期、服务期和竞业限制

试用期是指包括在劳动合同期限内，用人单位对劳动者是否合格进行考核，劳动者对用人单位是否符合自己要求也进行考核的期限，是一种双方双向选择的表现。劳动合同约定试用期，一方面可以维护用人单位的利益，为每个工作岗位找到合适的劳动者，试用期就是供用人单位考察劳动者是否适合其工作岗位的一项制度，给企业考察劳动者是否与录用要求相一致的时间，避免用人单位遭受不必要的损失；另一方面可以维护新招收职工的利益，使被录用的职工有时间考察和了解用人单位的工作内容、劳动条件、劳动报酬等是否符合劳动合同的规定。

试用期常与其他几个概念相混淆，但只有试用期才是劳动合同法上的概念。见习期是我国针对应届毕业生进行业务适应及考核的一种制度，适用于用人单位招收应届毕业生的情况，见习期满如果合格，则对职工办理转正手续，为其评定专业职称。学徒期是对进入某些工作岗位的新工人熟悉业务、提高工作技能的一种培训方式，并按技术等级标准规定的期限执行。实习期是实习制度中的一种期限，一般是由学校与对口的用人单位签订实习协议，由用人单位为学员提供实习场所和设备条件。

为了防止用人单位滥用试用期侵犯劳动者权益，我国《劳动合同法》对试用期的适用作了限制。一是对试用期的期限进行限制：劳动合同期限在3个月以上的，可以约定试用期。也就是说，固定期限劳动合同能够约定试用期的最低起点是3个月。完成一定工作任务为期限的劳动合同，或者期限不满3个月的不得约定试用期。劳动合同期限在1年以上3年以下的，试用期不得超过2个月；3年以上固定期限和无固定期限的劳动合同试用期不得超过6个月。二是对试用期的次数进行限制：一用人单位与同一劳动者只能约定一次试用期。既然试用期是指用人单位对新招收员工进行进一步考察的时间期限，故没有必要同一用人单位与同一劳动者多次约定试用期。三是禁止只试不用。试用期包含在劳动合同期限内。劳动合同仅约定试用期的，试用期不成立，该期限为劳动合同期限。四是待遇限制。劳动者在试用期的工资不得低于本单位相同岗位最低档工资或者劳动合同约定工资的80%，并不得低于用人单位所在地的最低工资标准。五是限制随意解除劳动合同。在试用期中，除有证据证明劳动者不符合录用条件等情形外，用人单位不得解除劳动合同。用人单位在试用期解除劳动合同的，应当向劳动者说明理由。

案例：小齐于2007年7月1日大学毕业，2008年3月14日，小齐来到某书店应聘，被分配到书店下属的多个部门工作。在此期间，书店按照该单位对实习生的管理惯例，每天为小齐发放10元实习补助。2008年6月6日，小齐与书店签订了为期1年的劳动合同及两个月的试用期合同。2008年7月18日，书店以小齐在试用期内违反劳动纪律，未按岗位需要完成工作任务为由，解除了与小齐的劳动关系。随后，小齐将书店起诉到法院，要求书店按每月1500元而非实习生的标准支付他3月到5月的工资，并支付其7月16日至31日的工资及劳动节期间的加班工资645元，同时支付相应的经济补偿金。某书店称，小齐一开始是以实习生的身份来应聘的。小齐自2008年3月14日开始到我单位下属多个营销部门实习以熟悉情况，等待学校分配。6月，我单位与其签订了劳动合同，试用期为2008年6月1日至7月31日。由于我单位下属部门多次反映小齐在试用期间的许多举动和行为不适应我单位工作岗位需要，经我单位人事部门与其谈话后，双方根据《中华人民共和国劳动法》的相关规定，在试用期内解除了劳动关系。我单位并未克扣、拖欠小齐的工资。法院经审理认为，小齐于2007年7月即已取得了毕业证书，其自2008年3月到某书店工作，不能计算为实习期间，应视为就业。在双方未约定月工资标准的情况下，某书店应按不低于本市最低工资标准支付小齐工资。由于某书店违反了上述原则，还需支付小齐半个月工资作为经济补偿金。据此，判决某书店补发小齐“实习期间”的工资差额850元，并加发经济补偿金。

服务期制度是指用人单位为劳动者提供专项培训费用对劳动者进行专业技术培训的，可以与该劳动者订立协议，约定服务期。劳动者违反服务期约定的，应当按照约定向用人单位支付违约金。违约金的数额不得超过用人单位提供的培训费用。用人单位要求劳动者支付的违约金不得超过服务期尚未履行部分所应分摊的培训费用。用人单位与劳动者约定服务期的，不影响按照正常的工资调整机制提高劳动者在服务期期间的劳动报酬。法律之所以规定服务期，是因为用人单位对劳动者有投入并使得劳动者获得利益。用人单位为劳动者提供培训费用，并支付劳动报酬和其他待遇，使劳动者学到了本事。同时，用人单位使劳动者接受培训的目的，在于劳动者回来后运用学到的本事为本单位提供约定服务期期间的劳动，劳动者服务期未满离职，会使用人单位期待落空。通过约定服务期，可以大体平衡劳动合同双方当事人的利益。

为了防止用人单位滥用该制度限制劳动者的择业自由，法律对服务期的适用条件也有严格限制：一是用人单位必须对劳动者进行专业技术培训，并承担培训的成本。技术包括专业知识和职业技能。用人单位对劳动者进行必要的职业培训不可以约定服务期，也就是说不包括如上岗培训、保密培训等一般职业培训。用人单位在国家规定提取的职工培训费用以外，专门花费较高数额的钱送劳动者去进行定向专业培训的，就可以与该劳动者订立协议，约定服务期。二是约定违反服务期违约金的数额不得超过用人单位提供的培训费用。违约时，劳动者所支付的违约金不得超过服务期尚未履行部分所应分摊的培训费用。这体现了劳动法侧重于保护劳动者的立法宗旨，同时兼顾双方的利益。三是服务期有一定年限。虽然法律没有明文规定具体多长，但法院在审理此类案件时会根据公平合理的原则处理劳动者提出的服务期过长的异议。

案例：2011年9月1日，郑某入职台山市某医院工作，双方签订了事业单位聘用合同，约定郑某如果参加医院组织的培训，结束后应在该医院服务7年，否则应承担返还培训费的责任，同时，对培训费的内容进行了明确，包括进修学习期间医院支付给郑某的工资、奖金、食宿费、车船费及其他补贴、费用。2016年9月1日，医院安排郑某到省人民医院进修培训，培训期限至2017年12月22日，培训费24000元由医院支付。同时，在培训期间，医院如常向郑某发放工资、绩效工资、津补贴和单位社会保险费、单位公积金等合计26万余元。孰料郑某在2017年12月22日结束进修培训后，同月25日便以个人原因向医院提出辞职。挽留无果后，医院同意郑某辞职，但要求郑某赔付违约金26万余元。双方于2017年12月26日解除聘用合同，但对违约金数额争持不下。随后，院方于2018年11月向劳动仲裁机构申请仲裁。台山市劳动人事争议仲裁委员会裁决郑某向医院支付培训费24000元，驳回了医院的其他仲裁请求。医院不服仲裁裁决，诉至法院。法院审理该案后认为，郑某与医院签订事业单位聘用合同，双方约定了服务期及违约责任，没有违反《中华人民共和国劳动合同法》的规定，郑某在培训结束后马上辞职，违反了该合同的约定，因此，医院要求郑某承担违约责任，应予以支持。本案中，双方合同约定的培训费用包括进修学习期间医院支付给郑某的工资、奖金、进修费、食宿费、车船费及其他补贴费用。法院认为，法律已对培训期间支付的培训费作出规定，应作为违约返还的依据，且郑某对仲裁裁决没有提出异议，视为服裁。因此，郑某应向医院返还24000元培训费；但工资、社保和公积金，是基于法律强制性规定及双方劳动合同的约定而产生的，是医院本应依法履行的义务，不应作为培训支出在合同中约定，医院主张违约金包括工资、社保费、公积金的请求，法院不予支持；对于绩效奖和津补贴，因培训期间，郑某并未向医院提供劳动义务，不应获得该项奖励式补贴。因此，法院认为，医院为郑某支出的培训费用包括培训费24000元及绩效工资、津补贴，三项合计为16万元。故法院依法判决被告郑某向原告台山市某医院支付违约金合计16万元。郑某不服一审判决提起上诉，二审法院终审维持原判。

竞业限制制度是指用人单位与本单位的高级管理人员、高级技术人员和其他知悉商业秘密的劳动者，在劳动合同或者专项协议中约定，在劳动合同终止或者解除后的一定期限内，劳动者不得到生产与本单位同类产品或者经营同类业务的有竞争关系的其他用人单位工作，也不得自己开业生产或者经营与用人单位有竞争关系的同类产品或者业务的限制。竞业禁止的目的是要保护用人单位的商业秘密。劳动者违反竞业限制约定的，应当按照约定向用人单位支付违约金，给用人单位造成损失的，还要依法支付损害赔偿金。但是，在用人单位存在商业秘密、劳动者亦知悉的情况下，劳动合同终结后，劳动者的保密义务仍旧延续。劳动合同当事人可以在劳动合同中约定保守用人单位商业秘密的有关事项。因此即便用人单位未与劳动者签订竞业禁止协议，劳动者也应当保守用人单位的商业秘密，否则，用人单位可因此追究劳动者的侵权责任。竞业限制的实施客观上限制了劳动者的就业权，同样为了防止用人单位滥用该制度，我国《劳动合同法》对竞业限制进行了必要的限制：一是竞业限制的人员限于用人单位的高级管理人员、高级技术人员和其他负有保密义务的人员；二是竞业限制的范围要界定清楚，约定竞业限制必须是保护合法权益所必需；三是在解除或者终止劳动合同后，受竞业限制约束的劳动者到与本单位生产或者经营同类产品、业务的有竞争关系的其他用人单位，或者自己开业生产或者经营与本单位有竞争关系的同类产品、业务的竞业限制期限不得超过两年。需要注意的是，用人单位对劳动者竞业限制是必须支付补偿，如果未约定补偿、不支付补偿或是补偿数额过低、不符合相关规定的，该竞业禁止条款对劳动者不具有约束力。

案例：2005年8月29日，王某飞到施耐德电气（中国）投资有限公司上海分公司（以下简称施耐德上海分公司）工作，双方签订了劳动合同。同日，双方签订了《保密和竞业禁止协议》，约定竞业禁止补偿费为王某飞离职前一个月的基本工资。2007年4月30日，王某飞从施耐德上海分公司处离职。2007年7月7日，施耐德上海分公司得知王某飞在菲尼克斯公司工作，违反了双方签订的《保密和竞业禁止协议》中确定的竞业禁止义务，发生纠纷。施耐德上海分公司以王某飞违反竞业禁止义务为由向上海市普陀区劳动争议仲裁委员会申请仲裁，该仲裁委员会裁决支持了施耐德上海分公司的仲裁请求。王某飞不服仲裁裁决，向江苏省南京市鼓楼区人民法院提起诉讼。法院审理后认为，原告王某飞与被告施耐德上海分公司签订的《保密和竞业禁止协议》所约定的竞业禁止经济补偿金仅为原告离职前一个月的基本工资，即使根据被告的陈述，其实际支付给原告的竞业禁止经济补偿金也仅是原告三个月的基本工资，仍低于《江苏省劳动合同条例》规定的标准。因此可以认定，涉案《保密和竞业禁止协议》中的竞业禁止条款对原告不具有约束力，即使原告从被告处离职后又到菲尼克斯公司工作的行为违反了该竞业禁止义务，原告亦不应承担违约责任。被告关于原告应按照实际领取的竞业禁止补偿金的三倍支付违约金的诉讼主张不成立，依法不予支持。

法条

《中华人民共和国劳动合同法》

第十九条 劳动合同期限三个月以上不满一年的，试用期不得超过一个月；劳动合同期限一年以上不满三年的，试用期不得超过二个月；三年以上固定期限和无固定期限的劳动合同，试用期不得超过六个月。

同一用人单位与同一劳动者只能约定一次试用期。

以完成一定工作任务为期限的劳动合同或者劳动合同期限不满三个月的，不得约定试用期。

试用期包含在劳动合同期限内。劳动合同仅约定试用期的，试用期不成立，该期限为劳动合同期限。

第二十条 劳动者在试用期的工资不得低于本单位相同岗位最低档工资或者劳动合同约定工资的百分之八十，并不得低于用人单位所在地的最低工资标准。

第二十一条 在试用期中，除劳动者有本法第三十九条和第四十条第一项、第二项规定的情形外，用人单位不得解除劳动合同。用人单位在试用期解除劳动合同的，应当向劳动者说明理由。

第二十二条 用人单位为劳动者提供专项培训费用，对其进行专业技术培训的，可以与该劳动者订立协议，约定服务期。

劳动者违反服务期约定的，应当按照约定向用人单位支付违约金。违约金的数额不得超过用人单位提供的培训费用。用人单位要求劳动者支付的违约金不得超过服务期尚未履行部分所应分摊的培训费用。

用人单位与劳动者约定服务期的，不影响按照正常的工资调整机制提高劳动者在服务期期间的劳动报酬。

第二十三条 用人单位与劳动者可以在劳动合同中约定保守用人单位的商业秘密和与知识产权相关的保密事项。

对负有保密义务的劳动者，用人单位可以在劳动合同或者保密协议中与劳动者约定竞业限制条款，并约定在解除或者终止劳动合同后，在竞业限制期限内按月给予劳动者经济补偿。劳动者违反竞业限制约定的，应当按照约定向用人单位支付违约金。

第二十四条 竞业限制的人员限于用人单位的高级管理人员、高级技术人员和其他负有保密义务的人员。竞业限制的范围、地域、期限由用人单位与劳动者约定，竞业限制的约定不得违反法律、法规的规定。

在解除或者终止劳动合同后，前款规定的人员到与本单位生产或者经营同类产品、从事同类业务的有竞争关系的其他用人单位，或者自己开业生产或者经营同类产品、从事同类业务的竞业限制期限，不得超过二年。

第二十五条 除本法第二十二条和第二十三条规定的情形外，用人单位不得与劳动者约定由劳动者承担违约金。

劳动合同的履行和变更

劳动合同的履行

对于劳动者而言，劳动合同的履行就是必须遵守用人单位的规章制度和劳动纪律，认真履行自己的劳动职责，并且亲自完成劳动合同约定的工作任务。对于用人单位而言，劳动合同的履行就是必须按照合同的约定向劳动者提供适当的工作场所和劳动安全卫生条件、相关工作岗位，并按照约定的金额和支付方式按时向劳动者支付劳动报酬。这里包含三层意思：第一，用人单位应当按照劳动合同约定和国家规定支付劳动报酬。用人单位支付劳动者的工资不得低于当地的最低工资标准。工资应当以法定货币支付，不得以发放实物或有价证券等形式代替货币支付。用人单位应当严格按照劳动法的有关规定支付劳动者加班费。第二，用人单位应当及时支付劳动报酬。依照劳动法和其他有关规定，用人单位应当每月至少发放一次劳动报酬。超过用人单位与劳动者约定的支付工资的时间发放工资即构成拖欠劳动者劳动报酬的违法行为，应当依照本法和其他有关法律法规承担一定的法律责任。第三，用人单位应当足额支付劳动报酬。工资不得随意扣除，企业不得将扣发工资作为处理职工的一种处罚性手段。不支付或者未足额支付劳动报酬的，则构成劳动法“克扣”劳动者工资的行为。

案例：王某原系悠唐公司的员工，双方于2016年3月14日建立劳动关系。2017年3月，悠唐公司在经营中遭到客户投诉导致不能正常开展经营活动，因此于3月27日通知王某等员工在家等待、暂时不需来公司上班；4月24日悠唐公司通知王某等员工在家办公。2017年5月12日，双方解除劳动关系。悠唐公司未发放王某2017年3月绩效工资1.3万元、2017年4月基本工资4000元和绩效工资1.3万元。2017年5月24日，上海市浦东新区劳动人事争议仲裁委员会立案受理王某提出的仲裁申请，王某要求悠唐公司支付其2017年3月工资差额1.3万元、2017年4月工资1.7万元。2017年7月24日，该委作出裁决，悠唐公司应支付王某2017年3月绩效工资1.3万元、2017年4月基本工资4000元和绩效工资1.3万元。用人单位不服仲裁裁决，提起诉讼。法院经审理后认为，用人单位应当按照劳动合同约定和国家规定，向劳动者及时足额支付劳动报酬。本案中，悠唐公司主张王某于2017年3月下旬未至公司上班，请求不需支付王某2017年3月绩效工资、2017年4月的基本工资和绩效工资。但根据已经查明的事实可知，王某于2017年3月27日起系因公司的要求而未至公司上班，并因公司的通知而在家办公，因此王某于2017年3月27日后没有至公司上班的责任不在王某，该时起王某在家办公继续向公司提供劳动，公司应当按约发放王某2017年3月绩效工资、4月基本工资和绩效工资。公司要求不予支付被告上述期间工资的诉讼请求，依据不足，法院不予支持。

当前强迫劳动者加班的现象在相当一部分企业中普遍存在。有些用人单位以“福报”“人生价值”为借口，变相强令员工搞“996”［9时上班、21时下班，中午和傍晚休息1小时（或不到），总计工作10小时以上，并且一周工作6天的工作制度］。《中华人民共和国劳动合同法》对此态度明确：用人单位不得强迫劳动者加班，否则就要承担相应的法律责任。用人单位安排加班的，应当按照国家有关规定向劳动者支付加班费。

案例：小孙在某互联网公司担任程序员，从事软件开发工作，与公司签订有为期3年的劳动合同，合同约定小孙月工资为1.2万元，同时约定每日的工作时间为9时上班、21时下班，每周一至每周六上班。自2016年7月1日起，小孙每天工作时长为10小时，每周工作6天，公司未向小孙支付过加班费。2018年2月15日，小孙申请劳动仲裁，要求公司支付延时加班费及休息日加班费。仲裁裁决该公司向小孙支付加班费，但该公司不服，起诉至法院。庭审中，公司认为小孙入职时，双方明确约定了具体的工时制度，小孙签订劳动合同的行为，应视为自愿接受了公司安排的工时制度。小孙对于公司的主张不予认可，并称签订劳动合同不代表自己接受上述工时制度，并且也不能剥夺劳动者主张加班费的权利。为证明加班的事实，小孙提交了劳动合同及考勤记录，其中劳动合同显示了双方约定的工时制度；而小孙所提交的加盖有公司人力资源部门印章的考勤记录显示小孙每天上班打卡时间为9时，下班打卡时间为21时后，每周工作6天，实际的工作时间超出了法律规定的正常工作时间，并且公司没有安排倒休。法院经审理认为，小孙提交的相关证据形成了完整的证据链，证明加班事实的存在。公司应根据加班时间向小孙支付延时加班费及休息日加班费。而且，公司并未就已支付过加班费进行举证，所以应承担举证不能的法律后果。虽然双方所签劳动合同规定了小孙的工作时间，但超出法定工作时间的部分仍应被认定为加班，不论是在劳动合同还是员工手册中制定超过法定工作时间的工时制度，都不能免除用人单位支付加班费的义务。

《中华人民共和国劳动合同法》还规定劳动者拒绝用人单位管理人员违章指挥、强令冒险作业的，不视为违反劳动合同。劳动者对危害生命安全和身体健康的劳动条件，有权对用人单位提出批评、检举和控告。《中华人民共和国劳动法》规定，用人单位必须为劳动者提供符合国家规定的劳动安全条件和必需的劳动防护用品，对从事有职业危害作业的劳动者应当定期进行健康检查。对于各行业的安全规范，用人单位必须遵照执行，切实保护劳动者。

法条

《中华人民共和国劳动合同法》

第二十九条 用人单位与劳动者应当按照劳动合同的约定，全面履行各自的义务。

第三十条 用人单位应当按照劳动合同约定和国家规定，向劳动者及时足额支付劳动报酬。

用人单位拖欠或者未足额支付劳动报酬的，劳动者可以依法向当地人民法院申请支付令，人民法院应当依法发出支付令。

第三十一条 用人单位应当严格执行劳动定额标准，不得强迫或者变相强迫劳动者加班。用人单位安排加班的，应当按照国家有关规定向劳动者支付加班费。

第三十二条 劳动者拒绝用人单位管理人员违章指挥、强令冒险作业的，不视为违反劳动合同。

劳动者对危害生命安全和身体健康的劳动条件，有权对用人单位提出批评、检举和控告。

第八十五条 用人单位有下列情形之一的，由劳动行政部门责令限期支付劳动报酬、加班费或者经济补偿；劳动报酬低于当地最低工资标准的，应当支付其差额部分；逾期不支付的，责令用人单位按应付金额百分之五十以上百分之一百以下的标准向劳动者加付赔偿金：

（一）未按照劳动合同的约定或者国家规定及时足额支付劳动者劳动报酬的；

（二）低于当地最低工资标准支付劳动者工资的；

（三）安排加班不支付加班费的；

（四）解除或者终止劳动合同，未依照本法规定向劳动者支付经济补偿的。

劳动合同的变更

劳动合同的变更是指劳动合同依法订立后，在合同尚未履行或者尚未履行完毕之前，经用人单位和劳动者双方当事人协商同意，对劳动合同内容作部分修改、补充或者删减的法律行为。用人单位与劳动者协商一致，可以变更劳动合同约定的内容。变更劳动合同，应当采用书面形式。变更后的劳动合同文本由用人单位和劳动者各执一份，此外用人单位变更名称、法定代表人、主要负责人或者投资人等事项，不影响劳动合同的履行。用人单位发生合并或者分立等情况，原劳动合同继续有效，劳动合同由承继其权利和义务的用人单位继续履行。

案例：晏某华诉称自己自1985年7月筹建公司成立至今，已在财务会计岗位工作近33年，2004年起被聘任为资产财务部经理，2016年3月起仍被聘任为资产财务部经理，聘期一年，任期至2017年2月28日。公司未经双方协商一致，于2016年5月17日起单方擅自变更双方于2002年9月依法签订生效并实际履行至今的劳动合同，以“轮岗”名义将晏某华调至工程经济室副经理岗位。2016年7月、8月，公司先后未经协商一致，单方面扣减晏某华交通津贴350元/月、岗位工资5480元/月，仲裁及法院均支持晏某华要求返还前述款项的请求，公司于2016年11月12日恢复和补足了晏某华的岗位工资。

因工程经济室的部门职责和资产财务部的部门职责完全不同，且岗位所要求掌握的学识、技能及专业领域等方面亦不相同，公司对仍在资产财务部经理岗位聘任期内的晏某华，在双方未经协商一致的前提下，实施强行调岗，晏某华至今未在工程经济室副经理岗位上履职，晏某华仍继续按双方签订的劳动合同中约定的财务工作内容履行职责。然而，在因公司而引发双方劳动争议的讼争期间，公司于2016年11月3日以工程经济室自2017年起将被撤销为由，在未经双方协商一致的前提下，对生效的劳动合同再次实施变更，又单方擅自对晏某华实施待岗等一系列于法无据的侵权行为，第三次克扣晏某华工资12492.10元。晏某华认为，公司的行为违反了双方于2002年所签订劳动合同的约定和2016年3月8日公司聘任晏某华的合约。在未对原合同进行协商一致变更的前提下，公司让晏某华待岗是不合法的，严重侵害了晏某华的合法权益。为此，晏某华向法院请求判决：（1）公司支付晏某华2016年12月的交通津贴差额人民币（币种下同）350元；（2）公司支付晏某华2017年1月的工资差额12492.10元。

公司辩称：公司改革办法是在经营困难背景下，经职代会讨论表决通过的，是企业和职工代表协商一致的结果，对公司全体员工包括晏某华均具有约束力。改革办法并没有直接改变晏某华的岗位，晏某华明知职代会决议，无正当理由拒绝竞聘上岗，系自己放弃竞聘机会，其于2016年12月1日起已经处于待岗状态。待岗期间晏某华不再向公司提供劳动，不能要求以原待遇支付工资。综上，公司不同意晏某华的全部诉讼请求。法院经审理查明：晏某华与公司于2002年10月1日签订无固定期限劳动合同，约定晏某华在财务岗位工作。2016年5月17日，公司出具《关于某某某等同志职务任免的通知》，内载："……晏某华任工程经济室副经理，不再担任资产财务部经理职务。"2016年11月4日，公司内网发布《公司转型发展改革办法》及附件，内有《岗位竞聘和未上岗员工安置办法》，规定所有员工需参加岗位竞聘，不参加竞聘的按照待岗处理，第一个月按照本人原工资发放，第二个月起按照上海市最低工资标准的80%发放。后晏某华未参加岗位竞聘。晏某华申请劳动仲裁，称从未同意过调岗而是继续履行原岗位职责，但公司在2016年7月以调岗名义克扣财务岗工资，在2017年11月以原岗位被撤销为由单方变更劳动合同并克扣工资。公司的调岗、调薪、待岗行为是完全错误的，请求法院判决公司支付克扣的工资差额。

法院经审理后认为，本案中，劳动合同约定晏某华在财务岗位工作，双方均应依该约定履行。虽然《岗位竞聘和未上岗员工安置办法》经过公司第七届一次职工代表大会表决，但晏某华未予接受。一审法院认为职工代表大会决议已直接变更了晏某华的劳动合同，缺乏依据。晏某华未参加竞聘，双方应继续履行劳动合同的约定。生效判决支持了晏某华要求用人单位支付交通津贴和工资差额12492.10元的诉请。

法条

《中华人民共和国劳动合同法》

第三十三条 用人单位变更名称、法定代表人、主要负责人或者投资人等事项，不影响劳动合同的履行。

第三十四条 用人单位发生合并或者分立等情况，原劳动合同继续有效，劳动合同由承继其权利和义务的用人单位继续履行。

第三十五条 用人单位与劳动者协商一致，可以变更劳动合同约定的内容。变更劳动合同，应当采用书面形式。

变更后的劳动合同文本由用人单位和劳动者各执一份。

劳动合同的解除

劳动者的单方解除

在劳动关系中，劳动者相对于用人单位而言始终处于弱势地位，从保护劳动者权益出发，法律赋予了劳动者单方解除劳动合同的权利。《中华人民共和国劳动法》第三十一条规定："劳动者解除劳动合同，应当提前三十日以书面形式通知用人单位。"本法对此项权利也作了规定，并增加了实习期提前三天通知解除合同的规定。《中华人民共和国劳动合同法》第三十八条规定，在用人单位出现以下情况下，劳动者可以用通知单位的方式立即解除劳动合同：（1）未按照劳动合同约定提供劳动保护或者劳动条件的；（2）未及时足额支付劳动报酬的；（3）未依法为劳动者缴纳社会保险费的；（4）用人单位的规章制度违反法律、法规的规定，损害劳动者权益的；（5）以欺诈、胁迫的手段或者乘人之危，使对方在违背真实意思的情况下订立或者变更劳动合同，致使劳动合同无效的；（6）法律、行政法规规定劳动者可以解除劳动合同的其他情形。

案例：2006年8月，吴某与甲公司签订劳动合同约定：（1）吴某受聘为甲公司工程部经理，在合同期内甲公司因生产需要确需调整吴某岗位的，应与其协商，吴某如无正当理由应服从公司的变更决定；（2）合同期限为三年。2008年4月，甲公司撤销原工程部，发出人事调动通知欲将吴某调往当时并未成立的培训部。吴某认为该岗位与其专业不符及公司未与其协商，口头表示不能接受该调动。甲公司再次发出通知决定调动吴某的岗位。吴某向公司提交解除劳动合同的书面报告。甲公司未作出书面答复，要求吴某执行公司调令，双方发生了争议。吴某申请仲裁，仲裁委员会以超过仲裁时限为由不予受理，吴某向人民法院起诉，请求解除劳动合同，甲公司支付经济补偿金。法院经审理认为，双方签订的劳动合同合法有效，双方在劳动合同中明确约定吴某的工作岗位为工程部经理，甲公司根据经营情况变更吴某工作岗位应按约定与吴某协商，现甲公司未能举证说明变更吴某工作岗位的行为系经双方协商，故吴某以公司未提供劳动条件为由要求解除劳动合同，合理合法，应予支持；甲公司应按吴某在其单位的工作年限每满一年支付一个月的经济补偿金。据此，判决解除吴某与甲公司所签订的劳动合同，甲公司应一次性支付给吴某经济补偿金18610元。

在特殊情况下，劳动者可以单方面立即解除合同而无须通知用人单位：用人单位以暴力、威胁或者非法限制人身自由的手段强迫劳动者劳动的，或者用人单位违章指挥、强令冒险作业危及劳动者人身安全的。

需要注意的是，劳动者违反法定程序未尽到通知义务即自行离职的，可能会承担赔偿责任。虽然《中华人民共和国劳动合同法》规定，除有服务期与竞业限制约定外，用人单位不得与劳动者约定由劳动者承担违约金，并且在劳动者违反服务期约定的情况下，其所需承担的违约金最高也不得超过用人单位为其付出的培训成本，但是并没有禁止用人单位向劳动者主张损失赔偿。

法条

《中华人民共和国劳动法》

第三十一条 劳动者解除劳动合同，应当提前三十日以书面形式通知用人单位。

《中华人民共和国劳动合同法》

第三十七条 劳动者提前三十日以书面形式通知用人单位，可以解除劳动合同。劳动者在试用期内提前三日通知用人单位，可以解除劳动合同。

第三十八条 用人单位有下列情形之一的，劳动者可以解除劳动合同：

（一）未按照劳动合同约定提供劳动保护或者劳动条件的；

（二）未及时足额支付劳动报酬的；

（三）未依法为劳动者缴纳社会保险费的；

（四）用人单位的规章制度违反法律、法规的规定，损害劳动者权益的；

（五）因本法第二十六条第一款规定的情形致使劳动合同无效的；

（六）法律、行政法规规定劳动者可以解除劳动合同的其他情形。

用人单位以暴力、威胁或者非法限制人身自由的手段强迫劳动者劳动的，或者用人单位违章指挥、强令冒险作业危及劳动者人身安全的，劳动者可以立即解除劳动合同，不需事先告知用人单位。

第四十六条 有下列情形之一的，用人单位应当向劳动者支付经济补偿：

（一）劳动者依照本法第三十八条规定解除劳动合同的；

（二）用人单位依照本法第三十六条规定向劳动者提出解除劳动合同并与劳动者协商一致解除劳动合同的；

（三）用人单位依照本法第四十条规定解除劳动合同的；

（四）用人单位依照本法第四十一条第一款规定解除劳动合同的；

（五）除用人单位维持或者提高劳动合同约定条件续订劳动合同，劳动者不同意续订的情形外，依照本法第四十四条第一项规定终止固定期限劳动合同的；

（六）依照本法第四十四条第四项、第五项规定终止劳动合同的；

（七）法律、行政法规规定的其他情形。

用人单位的单方解除

过失性辞退是指用人单位无须向劳动者预告就可以单方解除劳动合同的行为，又叫过错性解除。用人单位行使这项权利，事前不必得到劳动者的同意，被辞退的劳动者不享有经济补偿金。我国《劳动合同法》在《劳动法》第二十六条的基础上，将用人单位即时解除劳动合同的条件规定为六种情形。即第三十九条规定，在劳动者有过错的情况下，用人单位须证明劳动者的行为已经符合了六个法定理由之一，方可行使过错性解除的权利。用人单位即时解除劳动合同是一种严厉的解雇行为，因此，法律上对用人单位行使即时解除权限定较严。该六种情形是：（1）在试用期间被证明不符合录用条件的；（2）严重违反用人单位的规章制度的；（3）严重失职，营私舞弊，给用人单位造成重大损害的；（4）劳动者同时与其他用人单位建立劳动关系，对完成本单位的工作任务造成严重影响，或者经用人单位提出，拒不改正的；（5）以欺诈、胁迫的手段或者乘人之危，使对方在违背真实意思的情况下订立或者变更劳动合同致使劳动合同无效的；（6）被依法追究刑事责任的。

案例：2008年7月26日，公汽公司与喜某签订为期一年的劳动合同。2008年7月28日，公汽公司与喜某签订《公汽乘务员承诺书》。该承诺书第三条规定："乘务员收款不给票，少给票或给废旧票及其他公司车票，均属贪污票款行为；扣除当月文明服务奖300元，以及按额扣发当月奖金100倍并解除劳动合同。"该内容后被写入公汽公司《乘务员工作要求与违章处理》乘B27条。2009年6月29日20时30分，喜某所值班公交车在某公交站点停靠时，喜某将在上一个行程中已售出的价值6元的车票在下一个行程中再次出售给乘客。该重复售票行为被公汽公司稽查员暗访时现场查获后，稽查人员当场在《纠正员工违章记录表》和行车记录上对该重复售票行为作出记载并要求喜某签名予以了确认。2009年6月30日，公汽公司辞退喜某。喜某不服，经过仲裁后向法院起诉。法院认为公汽公司以喜某侵吞公司财产为由解除与其的劳动合同并不违法。主要理由是，喜某重复售票侵占公司财产的数额虽然不多，但其售票员的特定工作岗位与公司财务人员工作岗位性质类似，应当在涉及公司财产的问题上尽到更高的注意义务和忠诚义务。本案中票款的面值虽然只有6元，数额很小，但公共交通行业的职业特点决定了，售票和收取票款的行为均由乘务员一人在用人单位的经营场所以外的公共汽车上独自完成。用人单位在客观上无法对乘务员的收取票款行为进行有效的监管。因此，就公共交通行业而言，乘务员的诚信尤为重要。故喜某侵吞票款的行为已与其基本工作职责根本违背。公汽公司在该公司规章制度中将喜某上述行为规定为严重违反规章制度可以解除劳动合同的行为具有合理性，且该规章制度的制定程序和内容均不违反法律法规及司法解释的规定，可以作为认定公汽公司依法解除与喜某劳动合同的依据。退一步而言，即便公汽公司的规章制度中未将该行为认定为严重违反规章制度的行为，其也有权解除与喜某之间的劳动合同。据此，法院判决驳回喜某的诉讼请求。

对于过失性辞退，用人单位应在一定期限内作出。现代法律制度要求权利的行使必须在一定期限内，超过合理期限的，法律便不再予以支持。

用人单位的过错性解除同样如此，用人单位必须在合理期限内作出，超出合理期限的，解除行为无效，应认定为违法解除。法律对于权利的保障不是无期限的，诉讼时效、仲裁时效、除斥期间、最长权利保护期限等制度都意味着权利的行使需在一定期限之内，超过期限的，法律不再予以保护。过错性解除作为用人单位享有的一项权利，同样必须在一定期限内行使。对于劳动者而言，其也不可能因为一次错误便永远陷入等待解雇的困境当中，时时承受被解雇的风险。超过一定合理期限而用人单位仍未作出解除决定的，劳动者可能已经认定用人单位不会再行解雇，因而重新规划安排好自己的工作、生活。此后如果用人单位再行解雇，则是对这一状态的破坏，对劳动者的能力发挥以及工作、生活安排均大为不利。是故，用人单位超过合理期限解除劳动合同的，应认定为用人单位违法解除。不过，合理期限的长度究竟为何，需根据个案情况判断，不能一概而论。

受到行政处罚不属于“劳动者严重违反用人单位规章制度”的情形，用人单位不得以此解除劳动合同。

案例：付某军因2002年5月20日违反《中华人民共和国治安管理处罚条例》（以下简称《治安管理处罚条例》）被处罚款5000元。其所在公司和益电力公司未征得工会同意，以付某军严重违纪为由，于2002年7月26日作出川益电发（2002）160号《关于解除付某军等三同志劳动合同的通知》（以下简称《解除劳动合同通知》），通知付某军解除劳动合同。该通知于同月30日传达到付某军工作的火电厂。同月31日，付某军按通知要求办完移交手续，领取了安置费。同年9月28日，付某军认为和益电力公司解除劳动合同错误，申请劳动仲裁，劳动争议仲裁委员会以超过仲裁时效为由不予受理。付某军不服，提起诉讼。法院经审理认为，付某军申请仲裁没有超过时效；付某军违反《治安管理处罚条例》被科以治安处罚，其行为违反国务院《企业职工奖惩条例》第十一条第一款第（七）项之规定，符合被告和益电力公司制定的经民主讨论后公示的《四川和益电力股份有限公司完善劳动合同制实施意见》（以下简称《实施意见》）第五章第二十一条规定的被告解除劳动合同的条件，被告有解除劳动合同的权利。法院遂依照《最高人民法院关于审理劳动争议案件适用法律若干问题的解释》第十九条之规定于2003年4月1日作出民事判决：驳回原告付某军对被告和益电力公司的诉讼请求。付某军不服原审判决，提出上诉。二审法院经审理认为，从《中华人民共和国劳动法》的立法原意可以得出该结论。该法第二十五条将“被依法追究刑事责任的”单列为第（四）项，说明刑事违法行为属于严重违反用人单位纪律或者规章制度的行为，违反《治安管理处罚条例》的行为属于行政违法行为，比犯罪行为的危害程度要小得多，根据举重以明轻的解释方法，违反《治安管理处罚条例》的行为自然也不属于违反用人单位纪律或者规章制度的行为。从现在市场经济中用人单位与职工之间的关系来看，也可以得出上述否定的结论。用人单位与职工之间是平等主体之间的民事关系，虽然职工在履行劳动合同时有服从用人单位组织管理和指挥的义务，但是与计划经济条件下国有、集体企业与职工之间的关系有本质的区别，用人单位不再承担在计划经济条件下承担的部分社会功能，甚至社会管理功能。以实现自己营利这一目的为中心的用人单位与以实现劳动权为中心的职工之间在利益上处于相互对立的状态，一方的权利（包括解除权）的扩张就是另一方权利的削弱。所以有必要将用人单位对职工的组织管理权等权利限定在用人单位的目的这一特定的目的范围内：从法定解除权来看，只要也只有职工的行为或者身体状况影响了合同的履行，不能使用人单位从劳动者那里获得预期数量、质量的劳务时，才符合法定的解除劳动合同的条件。而单纯违反《治安管理处罚条例》应当受处罚的行为，在一般情况下，不会影响用人单位的预期利益，不属于严重违反用人单位劳动纪律或者规章制度的行为。所以，在本案中，和益电力公司没有法定的解除权，被告以严重违纪为由解除劳动合同，法院不予支持。

用人单位以劳动者严重违反单位的规章制度为由解除劳动合同，劳动者提起相关诉讼的，法院应当依法审查该规章制度的合法性与合理性。

无过失性辞退是指用人单位根据劳动合同履行中客观情况的变化而解

除劳动合同。这里的“客观情况”既包括用人单位的，也包括劳动者自身的原因。前者可能是由于经营上的原因发生困难、亏损或业务紧缩；也可能因为市场条件、国际竞争、技术革新等造成工作条件的改变而导致使用劳动者数量下降。后者则是由于原本胜任的工作在用人单位采取自动化或新生产技术后不能胜任，或者是因为身体原因不能胜任。本条对因客观情况变化导致劳动合同解除规定了“提前通知”或“额外支付劳动者1个月工资”，目的在于对劳动者进行保护，为劳动者寻找新的工作提供必要的时间保障，主要包括以下几种情况：（1）劳动者患病或者非因工负伤，在规定的医疗期满后不能从事原工作，也不能从事由用人单位另行安排的工作的。这里的“医疗期”，是指劳动者根据工龄等条件，依法可以享受的停工医疗并发给病假工资的期间，而不是劳动者病伤治愈实际需要的医疗期。（2）劳动者不能胜任工作，经过培训或者调整工作岗位，仍不能胜任工作的。这里所谓的“不能胜任工作”，是指不能按要求完成劳动合同中约定的任务或者同工种、同岗位人员的工作量。但用人单位不得故意提高定额标准，使劳动者无法完成。劳动者没有具备从事某项工作的能力，不能完成某一岗位的工作任务，这时用人单位可以对其进行职业培训，提高其职业技能，也可以把其调换到能够胜任的工作岗位上，这是用人单位负有的协助劳动者适应岗位的义务。如果用人单位尽了这些义务，劳动者仍然不能胜任工作，用人单位可以通知辞退。（3）劳动合同订立时所依据的客观情况发生重大变化，致使劳动合同无法履行，经用人单位与劳动者协商，未能就变更劳动合同内容达成协议的。“客观情况发生重大变化”的解释仅限于企业外部环境发生的企业自身无法改变或控制的重大变故，如自然条件变化、企业迁移、企业被兼并、企业资产转移等，使原劳动合同出现不能履行或不必要履行的情况，是企业不得不面对和接受的事实，而非一般的经营状况不佳，亦不是企业为了追求更高利润而进行的管理模式改变等。若是为了提高公司运营效率，根据咨询公司作出的方案进行组织架构调整，解除与劳动者的劳动合同就不属于客观情况发生重大变化，而构成违法解除。

需要注意的是，以“末位淘汰”而解除劳动合同缺乏法律依据的情况。

解除劳动合同必须依法进行，我国法律没有允许用人单位与劳动者在劳动合同中约定以“末位淘汰”为由解除劳动合同。可见，考核中的末位员工被“淘汰”是没有法律依据的。如果直接以“末位淘汰”为由解除劳动合同，不但解除劳动合同的做法无效，而且用人单位也要承担相应的法律责任。另外，有些用人单位认为，以“末位淘汰”为由解除劳动合同符合《中华人民共和国劳动合同法》规定的劳动者因“不能胜任工作，经过培训或者调整工作岗位，仍不能胜任工作的”，用人单位可以提前30日以书面形式通知本人解除劳动合同。这是用人单位混淆了“末位”与“不能胜任”两个概念。“末位”仅是一种用人单位考核排名的状况，而“不能胜任”则是因劳动者的技能不能满足岗位需要而导致工作无法正常完成的情况，二者是完全不同的情况。在多人竞争性工作中，即使所有的人都胜任工作，也会有人处于末位；反过来，即使所有的人都不胜任工作，但仍会有人处于第一名。因此，不能以“不胜任工作”的合法行为来为“末位淘汰”的违法行为做掩盖。当然，并不是说“末位淘汰”制度本身是违法的，关键要看是否以“末位淘汰”为由来解除劳动合同。

案例：2005年7月，王某进入某通讯公司工作，劳动合同约定王某从事销售工作，基本工资为每月3840元。该公司的《员工绩效管理办法》规定：员工半年、年度绩效考核分别为S、A、C1、C2四个等级，分别代表优秀、良好、价值观不符、业绩待改进；S、A、C（C1、C2）等级的比例分别为20%、70%、10%；不胜任工作原则上考核为C2。王某原在该公司分销科从事销售工作，2009年1月后因分销科解散等原因，转岗至华东区从事销售工作。2008年下半年、2009年上半年及2010年下半年，王某的考核结果均为C2。公司认为，王某不能胜任工作，经转岗后仍不能胜任工作，故在支付了部分经济补偿金的情况下解除了劳动合同。2011年7月27日，王某提起劳动仲裁。同年10月8日，仲裁委作出裁决：某通讯公司支付王某违法解除劳动合同的赔偿金余额36596.28元。某通讯公司认为其不存在违法解除劳动合同的行为，故于同年11月1日诉至法院，请求判令不予支付解除劳动合同赔偿金余额。法院于2011年12月6日作出民事判决：某通讯公司于本判决生效之日起15日内一次性支付王某违法解除劳动合同的赔偿金余额36596.28元。宣判后，双方均未上诉，判决已发生法律效力。法院生效裁判认为：为了保护劳动者的合法权益，构建和发展和谐稳定的劳动关系，《中华人民共和国劳动法》《中华人民共和国劳动合同法》对用人单位单方解除劳动合同的条件进行了明确限定。原告某通讯公司以王某不能胜任工作，经转岗后仍不能胜任工作为由，解除劳动合同，对此应负举证责任。根据《员工绩效管理办法》的规定，C（C1、C2）考核等级的比例为10%，虽然王某曾经考核结果为C2，但是C2等级并不完全等同于“不能胜任工作”，某通讯公司仅凭该限定考核等级比例的结果，不能证明劳动者不能胜任工作，不符合据此单方解除劳动合同的法定条件。虽然2009年1月王某从分销科转岗，但是转岗前后均从事销售工作，并存在分销科解散导致王某转岗这一根本原因，故不能证明王某系因不能胜任工作而转岗。因此，某通讯公司主张王某不能胜任工作，经转岗后仍然不能胜任工作的依据不足，存在违法解除劳动合同的情形，应当依法向王某支付经济补偿标准二倍的赔偿金。

最后一种用人单位单方解除劳动合同的方式为经济性裁员，是指用人单位由于经营不善等经济原因，一次性辞退部分劳动者的情形。由于经济性裁员也必然要影响职工生活，增加社会失业率，因此劳动行政部门在此过程中有权力，也有义务监督检查裁员是否符合本法规定的允许裁员的范围，是否遵守裁员的法定程序等。

法条

《中华人民共和国劳动合同法》

第三十九条 劳动者有下列情形之一的，用人单位可以解除劳动合同：

（一）在试用期间被证明不符合录用条件的；

（二）严重违反用人单位的规章制度的；

（三）严重失职，营私舞弊，给用人单位造成重大损害的；

（四）劳动者同时与其他用人单位建立劳动关系，对完成本单位的工作任务造成严重影响，或者经用人单位提出，拒不改正的；

（五）因本法第二十六条第一款第一项规定的情形致使劳动合同无效的；

（六）被依法追究刑事责任的。

第四十条 有下列情形之一的，用人单位提前三十日以书面形式通知劳动者本人或者额外支付劳动者一个月工资后，可以解除劳动合同：

（一）劳动者患病或者非因工负伤，在规定的医疗期满后不能从事原工作，也不能从事由用人单位另行安排的工作的；

（二）劳动者不能胜任工作，经过培训或者调整工作岗位，仍不能胜任工作的；

（三）劳动合同订立时所依据的客观情况发生重大变化，致使劳动合同无法履行，经用人单位与劳动者协商，未能就变更劳动合同内容达成协议的。

第四十一条 有下列情形之一，需要裁减人员二十人以上或者裁减不足二十人但占企业职工总数百分之十以上的，用人单位提前三十日向工会或者全体职工说明情况，听取工会或者职工的意见后，裁减人员方案经向劳动行政部门报告，可以裁减人员：

（一）依照企业破产法规定进行重整的；

（二）生产经营发生严重困难的；

（三）企业转产、重大技术革新或者经营方式调整，经变更劳动合同后，仍需裁减人员的；

（四）其他因劳动合同订立时所依据的客观经济情况发生重大变化，致使劳动合同无法履行的。

裁减人员时，应当优先留用下列人员：

（一）与本单位订立较长期限的固定期限劳动合同的；

（二）与本单位订立无固定期限劳动合同的；

（三）家庭无其他就业人员，有需要扶养的老人或者未成年人的。

用人单位依照本条第一款规定裁减人员，在六个月内重新招用人员的，应当通知被裁减的人员，并在同等条件下优先招用被裁减的人员。

不得解除的情形有哪些

如上文所述，在出现法定情形时，用人单位可以单方解除劳动合同。为保护一些特定群体劳动者的合法权益，《中华人民共和国劳动合同法》第四十二条又规定在六类法定情形下，禁止用人单位根据本法无过失辞退、经济性裁员的规定单方解除劳动合同。该六种情形为：（1）从事接触职业病危害作业的劳动者未进行离岗前职业健康检查，或者疑似职业病病人在诊断或者医学观察期间的；（2）在本单位患职业病或者因工负伤并被确认丧失或者部分丧失劳动能力的；（3）患病或者非因工负伤，在规定的医疗期内的；（4）女职工在孕期、产期、哺乳期的；（5）在本单位连续工作满15年，且距法定退休年龄不足5年的；（6）法律、行政法规规定的其他情形。

对用人单位不得解除劳动合同规定的理解需注意以下两个方面：一是本条禁止的是用人单位单方解除劳动合同，并不禁止劳动者与用人单位协商一致解除劳动合同；同时协商一致解除劳动合同也受到其他法律的限制。二是如果劳动者具备了不得辞退条款规定的六种情形之一，用人单位仍可以根据《中华人民共和国劳动合同法》第三十九条的规定解除与劳动者的劳动合同。

案例：2010年1月，张某杰与敬豪公司建立劳动关系后被派遣至中海公司担任电焊工，双方签订最后一期的劳动合同的期限为2010年1月1日至2014年6月30日。2014年1月13日，敬豪公司（甲方）与张某杰（乙方）签订《协商解除劳动合同协议书》，载明甲、乙双方一致同意劳动关系于2014年1月13日解除，双方的劳动权利义务终止；甲方向乙方一次性支付人民币48160元，以上款项包括解除劳动合同的经济补偿、其他应得劳动报酬及福利待遇等。敬豪公司于2014年1月21日向张某杰支付人民币48160元。2014年4月，张某杰经上海市肺科医院诊断为电焊工尘肺一期。2014年12月10日，张某杰经上海市劳动能力鉴定委员会鉴定为职业病致残程度七级。

2014年11月27日，张某杰向上海市崇明县劳动人事争议仲裁委员会申请仲裁，要求自2014年1月13日起恢复与敬豪公司的劳动关系。该委裁决对于张某杰的请求事项不予支持。上海市崇明县人民法院一审认为：从事接触职业病危害作业的劳动者未进行离岗前职业健康检查，或者疑似职业病病人在诊断或者医学观察期间的，用人单位不得依照《中华人民共和国劳动合同法》第四十条、第四十一条的规定解除劳动合同。现原、被告协商一致解除劳动关系，不属该法第四十条、第四十一条规定的情形，且双方的解除行为系真实意思的表示。原告张某杰为职业病致残程度七级，且原、被告的劳动合同业已到期，现被告敬豪公司不同意恢复劳动关系，原告要求自2014年1月13日起恢复与敬豪公司的劳动关系，于法无据，不予支持。张某杰不服，向上海市第二中级人民法院提起上诉。上海市第二中级人民法院二审认为：根据《中华人民共和国劳动合同法》第四十二条的规定，从事接触职业病危害作业的劳动者未进行离岗前职业健康检查的，用人单位不得依照该法第四十条、第四十一条的规定解除劳动合同。此款规定虽然没有排除用人单位与劳动者协商一致解除劳动合同的情形，但根据《中华人民共和国职业病防治法》第三十六条的规定，“对从事接触职业病危害的作业的劳动者，用人单位应当按照国务院安全生产监督管理部门、卫生行政部门的规定组织上岗前、在岗期间和离岗时的职业健康检查，并将检查结果书面告知劳动者……对未进行离岗前职业健康检查的劳动者不得解除或者终止与其订立的劳动合同”。因此，用人单位安排从事接触职业病危害的作业的劳动者进行离岗职业健康检查是其法定义务，该项义务并不因劳动者与用人单位协商一致解除劳动合同而当然免除。本案中，双方于2014年1月13日签订的《协商解除劳动合同协议书》并未明确上诉人张某杰已经知晓并放弃了进行离岗前职业健康检查的权利，且张某杰于事后亦通过各种途径积极要求被上诉人敬豪公司为其安排离岗职业健康检查。因此，张某杰并未放弃对该项权利的主张，敬豪公司应当为其安排离岗职业健康检查。在张某杰的职业病鉴定结论未出之前，双方的劳动关系不能当然解除。鉴于双方签订的劳动合同原应于2014年6月30日到期，而张某杰2014年12月

10日被鉴定为“职业病致残程度七级”，依据《工伤保险条例》的规定，用人单位可以终止到期合同，故张某杰与被上诉人敬豪公司的劳动关系应于2014年12月10日终止。据此二审判决：张某杰与敬豪公司自2014年1月13日起恢复劳动关系至2014年12月10日止。

案例：1996年9月5日，刘某静与地方化肥厂签订了劳动合同一份，约定合同期限自1996年9月5日起至2001年9月5日止。2001年12月，化肥厂破产后，劲力化肥公司设立，整体购买化肥厂的资产，接受安置了化肥厂的职工，刘某静即与劲力化肥公司建立了新的劳动关系。2008年年底，刘某静与劲力化肥公司之间的劳动合同到期，刘某静已具备签订无固定期限劳动合同的条件，但其于2008年12月25日向劲力化肥公司出具报告提出要求签订三年期的劳动合同，为此双方签订了固定期限劳动合同一份。2011年12月，劲力化肥公司发现刘某静违反计划生育法律法规，计划外怀孕，就找刘某静进行谈话、做思想工作，要求刘某静办理计划生育二胎审批手续，或终止妊娠。2011年12月28日，劲力化肥公司向刘某静发出通知，内容为：“刘某静同志：根据你的陈述，你现已怀孕四个多月，到目前为止你未向公司提供允许生二胎的准生证明，按照《中华人民共和国计划生育法》《江苏省人口与计划生育条例》的规定，生育二胎必须出具计生部门发放的生育二胎准生证。公司限你于2011年12月31日前将生育二胎准生证交至公司女工委，或者终止妊娠。否则，公司将根据《中华人民共和国劳动合同法》第三十九条第二款、第四十四条第一款规定与你终止劳动合同。劳动合同到期后不再续签。特此通知。2011年12月28日。”2012年1月9日，劲力化肥公司在征求了公司工会的意见后，作出了《关于解除刘某静劳动合同的决定》。刘某静不服该决定，申请劳动仲裁，要求劲力化肥公司支付经济补偿金、加班工资、二倍工资等。2012年2月16日，仲裁委作出仲裁裁决书，对刘某静的仲裁请求不予支持。刘某静不服该裁决，于2012年3月23日向法院提起诉讼。法院经审理后认为，劳动者违反计划生育法规，即便需要承担相应的行政责任，用人单位亦不得以此为由擅自与劳动者解除劳动合同。本案中，劲力化肥公司单方解除与刘某静的劳动合同，违反了《中华人民共和国劳动合同法》第四十二条的规定，依法应向刘某静支付赔偿金。判决后，劲力化肥公司提出上诉又撤回，一审判决生效。

法条

《中华人民共和国劳动合同法》

第四十二条 劳动者有下列情形之一的，用人单位不得依照本法第四十条、第四十一条的规定解除劳动合同：

（一）从事接触职业病危害作业的劳动者未进行离岗前职业健康检查，或者疑似职业病病人在诊断或者医学观察期间的；

（二）在本单位患职业病或者因工负伤并被确认丧失或者部分丧失劳动能力的；

（三）患病或者非因工负伤，在规定的医疗期内的；

（四）女职工在孕期、产期、哺乳期的；

（五）在本单位连续工作满十五年，且距法定退休年龄不足五年的；

（六）法律、行政法规规定的其他情形。

经济补偿与赔偿

经济补偿金是用人单位解除劳动合同时，给予劳动者的经济补偿。经济补偿金是在劳动合同解除或终止后，用人单位依法一次性支付给劳动者的经济上的补助。我国法律一般称作“经济补偿”。发现以下七种情况之一的，用人单位需要支付经济补偿金。

1.有《中华人民共和国劳动合同法》第三十八条情形的，用人单位需支付经济补偿，即在用人单位有违约、违法行为时，劳动者行使单方解除权解除劳动合同。具体有用人单位未依照劳动合同约定提供劳动保护或者劳动条件的；用人单位未及时足额支付劳动报酬的；用人单位未依法为劳动者缴纳社会保险费的；用人单位的规章制度违反法律、法规的规定，损害劳动者权益的；用人单位有《中华人民共和国劳动合同法》第二十六条中欺诈、胁迫或者乘人之危等行为致使劳动合同无效或者部分无效的；法律、行政法规规定的其他情形；用人单位以暴力、威胁或者非法限制人身自由的手段强迫劳动者劳动的；用人单位违章指挥、强令冒险作业危及劳动者人身安全的。

2.双方协商一致解除劳动合同，但是由用人单位提出解除的，用人单位支付经济补偿。在法律制定过程中，考虑到在有的情况下，劳动者主动跳槽，与用人单位协商解除劳动合同，此时劳动者一般不会失业，或者对失业早有准备，如果要求用人单位支付经济补偿就不太合理。因此在协商解除情形下，由劳动者提出解除的，用人单位无须支付经济补偿。

3.用人单位依照《中华人民共和国劳动合同法》第四十条规定解除劳动合同的，即无过失性辞退。具体有劳动者患病或者非因工负伤，在规定的医疗期满后不能从事原工作也不能从事由用人单位另行安排的工作的；劳动者不能胜任工作，经过培训或者调整工作岗位，仍不能胜任工作的；劳动合同订立时所依据的客观情况发生重大变化，致使劳动合同无法履行，经用人单位与劳动者协商，未能就变更劳动合同内容达成协议的，用人单位可以在提前30日通知或者额外支付1个月工资后，解除劳动合同。在劳动者有一定不足，用人单位没有过错，且做了一些补救措施，但劳动者仍不符合工作要求的情况下，允许用人单位解除劳动合同，但为平衡双方的权利义务，用人单位须支付经济补偿。

4.用人单位依照《中华人民共和国劳动合同法》第四十一条第一款规定解除劳动合同的，即经济性裁员。在经济性裁员中，劳动者没有任何过错，为平衡双方的权利义务，用人单位应当支付经济补偿。

5.除用人单位维持或者提高劳动合同约定条件续订劳动合同，劳动者不同意续订的情况外，依照《中华人民共和国劳动合同法》第四十四条第（一）项规定，即劳动合同期满时终止固定期限劳动合同的，用人单位不支付经济补偿；如果用人单位同意续订劳动合同，但降低劳动合同约定条件，劳动者不同意续订的，劳动合同终止，用人单位应当支付经济补偿；如果用人单位不同意续订，无论劳动者是否同意续订，劳动合同终止，用人单位应当支付经济补偿。

6.依照《中华人民共和国劳动合同法》第四十四条第（四）项、第（五）项规定终止劳动合同的，即用人单位被依法宣告破产的，劳动合同终止的，用人单位被吊销营业执照、责令关闭、撤销或者用人单位决定提前解散的，劳动合同终止的，企业应当支付劳动补偿金。《中华人民共和国企业破产法》也规定，破产清偿顺序中第一项为破产人所欠职工的工资和医疗、伤残补助、抚恤费用，所欠的应当划入职工个人账户的基本养老保险、基本医疗保险费用，以及法律、行政法规规定应当支付给职工的补偿金。

7.法律、行政法规规定的其他情形。此为兜底性条款，若法律、行政法规中有关于用人单位支付经济补偿的规定，按其规定。

案例：祁某自2004年5月起在甲公司工作，双方所签订的最后一份劳动合同期限为2010年12月21日至2012年12月20日。其中，2010年1月至2011年8月，祁某担任质量总监一职，主要负责管理生产部门的产品质量。2011年9月后，因工作表现不好，祁某变更为一般管理人员。2012年1月17日，甲公司向祁某发出通知称：祁某在工作变更后的工作态度和表现仍不好，公司决定自2012年2月起，祁某的工资从原平均工资的1.3倍加300元变更为平均工资的1.0倍，此后祁某不再属于管理人员，上下班不可以乘用公司车辆。2012年2月1日，祁某向甲公司递交了辞工书，辞工书中指出，甲公司自2011年9月开始未经协商即将其工资待遇降低，且曾为其少缴综合保险，加班工资也始终未予支付，故提出书面辞职。双方经仲裁后进入诉讼。法院经审理查明：祁某最后出勤至2012年2月6日，甲公司尚未支付祁某2012年1月1日至2月6日的工资；祁某于2010年1月至2012年1月加班共计1482.5小时（不包括法定节假日加班）。法院生效裁判认为：根据本案已经查明的事实和现有证据，祁某的上下班时间与计件工人基本一致，甲公司亦对祁某实行考勤管理，据此应当认定祁某的岗位不符合不定时工作制的特点，甲公司作为用人单位应当根据规定向祁某支付延时、双休日加班工资。用人单位应当按照劳动合同约定和国家规定，向劳动者及时足额支付劳动报酬，用人单位未及时足额支付劳动报酬的，劳动者可以解除劳动合同，因用人单位未及时足额支付劳动报酬而导致劳动合同解除的，用人单位应当向劳动者支付经济补偿。本案中，祁某在2012年2月1日向甲公司提出辞职申请时的理由之一即为甲公司始终未支付加班工资。实际上，祁某也确实存在加班的情况，故根据《中华人民共和国劳动合同法》的规定，祁某完全有权要求将双方签订的劳动合同解除，甲公司亦应当依法向祁某支付解除劳动合同的经济补偿金。判决甲公司向祁某支付劳动补偿金。

经济补偿金的计算方法为按劳动者在本单位工作的年限，每满一年支付一个月工资（劳动者在劳动合同解除或者终止前12个月的平均工资）的标准向劳动者支付。6个月以上不满1年的，按1年计算；不满6个月的，向劳动者支付半个月工资的经济补偿。劳动者月工资高于用人单位所在直辖市、设区的市级人民政府公布的本地区上年度职工月平均工资3倍的，向其支付经济补偿的标准按职工月平均工资3倍的数额支付，向其支付经济补偿的年限最高不超过12年。

关于违法解除后的赔偿计算。我国《劳动合同法》规定用人单位违反本法规定解除或者终止劳动合同的，应当依照本法第四十七条规定的经济补偿标准的2倍向劳动者支付赔偿金。用人单位违反本法规定解除或者终止劳动合同的，首先要保护劳动者的合法劳动权益，使劳动关系“恢复原状”，不能让用人单位从违法行为中获益。同时考虑到实际情况，应尊重劳动者对于是否继续劳动合同的选择。因此，如果劳动者权衡利弊后，要求继续履行劳动合同的，用人单位应当继续履行劳动合同；如果劳动者认为继续履行劳动合同实际困难太大，不要求继续履行劳动合同的，劳动合同可以解除或者终止，同时用人单位应当依法支付赔偿金。实践引起争议的通常都是企业认为劳动者严重违反用人单位的规章制度予以过失性辞退，如果劳动者在诉讼中可以证明其没有严重违反规章制度，或是规章制度不合法、不合理，则可以主张经济赔偿。

案例：2011年9月20日，潘某华进入永钢公司，从事维修工作。最近一份劳动合同于2012年11月28日签订，合同期限为2012年12月29日至2015年12月28日。2013年3月28日，潘某华向永钢公司相关负责人请假，理由是其需在2013年3月29日至2013年4月3日参加道路运输从业资格培训考试，故请求自2013年3月29日起至2013年4月3日止请假6天。永钢公司对潘某华的请假未予同意。后潘某华于2013年3月29日至4月3日参加了道路运输从业资格培训考试，未至永钢公司上班。2013年4月8日，永钢公司向潘某华寄发通知书，内容为“你与公司签订／续订的劳动合同正在履行阶段，因你自2013年3月29日至2013年4月8日一直未上班，行为已构成旷工事实，根据《中华人民共和国劳动合同法》相关规定和公司相关制度，请自接到通知之日起3天内前来公司办理相关手续”。永钢公司明确该通知中的“办理相关手续”即为解除劳动关系。双方发生争议后，经仲裁进入诉讼。法院经审理查明，《永钢公司员工手册》第五章“工作时间和休假”中规定“一线单位可安排员工每月4天进行轮休，二三线单位可安排员工每周休息1天，通常为每周日1天”“员工可享有事假，员工因事必须由本人处理的可申请事假。请事假连续不得超过5天，续假不得超过3天，否则按旷工处理。临时发生意外等不可抗力因素的经核实者除外。全年事假累计不得超过15天”。永钢公司经职工代表大会通过的《员工违章违纪处理办法》第三十条第五款写明，“连续旷工超过5天，解除与责任人的劳动合同关系”。法院认为：公民有受教育的权利，劳动者享有接受职业技能培训的权利及选择就业的权利。潘某华虽然在永钢公司工作，但其有权按照自己的具体情况及意愿选择接受其他兴趣爱好的培训教育。潘某华报名参加的道路运输从业资格培训考试须其本人参加，属于必须由其本人处理的事项，永钢公司也规定了员工出现必须本人处理的事项可请假5天、续假3天，也即总共可以请假8天，故潘某华请假6天尚在该期限之内。旷工的含义应当是指无正当理由拒不上班，倘若有正当合理的理由不上班，则不能认定为旷工。即便没有具体天数规定，从公平正义角度而言，潘某华为提高自己的能力参加教育培训考试，请假6天也属合情合理，不能认定为旷工。永钢公司仅以不同意潘某华参加其他与工作无关的教育培训考试为由认定其为旷工而解除劳动合同，事实理由并不充分，应认定为违法，遂判决永钢公司支付赔偿金，标准为经济补偿标准的2倍。判决后双方均未上诉。

案例：1982年2月，覃某华到原常德纸业股份有限公司工作。2002年2月，原常德纸业股份有限公司两个置换工作组与覃某华签订了终止、解除劳动关系证明书，对覃某华从1982年2月至2001年12月31日的工龄进行买断。买断后，覃某华仍在原常德纸业股份有限公司工作。2008年10月29日，原常德纸业股份有限公司变更为华耀浆纸有限公司（以下简称华耀公司）。2010年7月1日，华耀公司与覃某华签订了劳动合同，期限自当日起至2013年6月30日止。覃某华的月工资标准为1100元。该合同中约定员工如严重违反规章制度，华耀公司有权解除合同且不必支付经济补偿。华耀公司所定《员工手册》第五十四条规定，“经记大过处分后，再犯有违反记大过各处分条款之违纪行为者，留用察看处分”，第五十六条规定，“对公司负责人、各级主管或者其他员工及其家属，实施恐吓、强暴、胁迫或重大侮辱行为者，解除劳动合同处理”。该手册在劳动合同中作为附件，要求劳动者在签订合同前认真阅读。2010年9月，因覃某华的妹妹覃美某向华耀公司反映该公司有烟灰落入其家中，要求给予处理，华耀公司遂派公司管理人员熊某德至覃美某家予以处理。因言语不和，熊某德与覃某华发生争执。在熊某德回到厂区准备开车出门时，覃某华阻拦并有不当言语。覃某华阻拦熊某德开车在华耀公司大门外十几米处，拦车时没有众人围观，此时系覃某华非工作时间。华耀公司认为覃某华在上班期间围堵公司大门，谩骂公司领导，违反了《员工手册》的相关规定，依据《员工手册》第五十四条、第五十六条，决定对覃某华予以除名。湖南省常德市中级人民法院经审理认为，本案是因华耀公司将其员工覃某华除名而引发的纠纷，案由应为劳动争议。争议焦点有二,一是华耀公司将覃某华除名是否合理合法；二是华耀公司是否应支付经济赔偿金，如需支付，应支付多少。关于焦点一，华耀公司未举出证据证实覃某华工作表现一贯不佳。华耀公司在《关于对质检部覃某华除名的决定》中引用了《员工手册》第五十四条的规定，“经记大过处分后，再犯有违反记大过各处分条款之违纪行为者，留用察看处分”。但依据原审中华耀公司5名员工的证言，覃某华在该公司工作期间并没有受到过任何惩罚，无法证实该除名决定的合理性。覃某华与华耀公司的领导因言语不和发生争执，后在厂区大门附近阻拦其开车，确实存在一定过错。但该行为与覃某华的工作无关，覃某华没有扰乱公司生产管理秩序的故意，也没有恐吓、强暴、胁迫、重大侮辱等行为。覃某华的阻拦行为并不会造成围堵公司大门的恶劣后果，且事发时没有众人围观，亦未影响华耀公司正常的生产经营。故华耀公司适用《员工手册》第五十六条之规定将其除名，依据不足，处理不当，属于单方违法解除劳动合同的行为。关于焦点二，华耀公司认为不应支付经济赔偿金，但对原审计算赔偿金的金额未提出异议。从2001年12月31日至2010年9月14日华耀公司作出《关于对质检部覃某华除名的决定》之日，覃某华在华耀公司的工作年限为8年9个月，华耀公司应为覃某华支付18个月工资的赔偿金。

需要说明的是，经济补偿金与赔偿金不能同时适用。经济补偿金与赔偿金是两个性质不同的概念。从二者的性质和适用情形来看，赔偿金适用于用人单位违法解除劳动合同的情形，经济补偿金适用于用人单位依法解除或终止劳动合同的情形，二者不能同时适用，赔偿金与经济补偿金之间应是一种替代关系，而不是重叠关系。

法条

《中华人民共和国劳动合同法》

第四十四条 有下列情形之一的，劳动合同终止：

（一）劳动合同期满的；

（二）劳动者开始依法享受基本养老保险待遇的；

（三）劳动者死亡，或者被人民法院宣告死亡或者宣告失踪的；

（四）用人单位被依法宣告破产的；

（五）用人单位被吊销营业执照、责令关闭、撤销或者用人单位决定提前解散的；

（六）法律、行政法规规定的其他情形。

第四十六条 有下列情形之一的，用人单位应当向劳动者支付经济补偿：

（一）劳动者依照本法第三十八条规定解除劳动合同的；

（二）用人单位依照本法第三十六条规定向劳动者提出解除劳动合同并与劳动者协商一致解除劳动合同的；

（三）用人单位依照本法第四十条规定解除劳动合同的；

（四）用人单位依照本法第四十一条第一款规定解除劳动合同的；

（五）除用人单位维持或者提高劳动合同约定条件续订劳动合同，劳动者不同意续订的情形外，依照本法第四十四条第一项规定终止固定期限劳动合同的；

（六）依照本法第四十四条第四项、第五项规定终止劳动合同的；

（七）法律、行政法规规定的其他情形。

第四十七条 经济补偿按劳动者在本单位工作的年限，每满一年支付一个月工资的标准向劳动者支付。六个月以上不满一年的，按一年计算；不满六个月的，向劳动者支付半个月工资的经济补偿。

劳动者月工资高于用人单位所在直辖市、设区的市级人民政府公布的本地区上年度职工月平均工资三倍的，向其支付经济补偿的标准按职工月平均工资三倍的数额支付，向其支付经济补偿的年限最高不超过十二年。

本条所称月工资是指劳动者在劳动合同解除或者终止前十二个月的平均工资。

第四十八条 用人单位违反本法规定解除或者终止劳动合同，劳动者要求继续履行劳动合同的，用人单位应当继续履行；劳动者不要求继续履行劳动合同或者劳动合同已经不能继续履行的，用人单位应当依照本法第八十七条规定支付赔偿金。

《中华人民共和国企业破产法》

第一百一十三条 破产财产在优先清偿破产费用和共益债务后，依照下列顺序清偿：

（一）破产人所欠职工的工资和医疗、伤残补助、抚恤费用，所欠的应当划入职工个人账户的基本养老保险、基本医疗保险费用，以及法律、行政法规规定应当支付给职工的补偿金；

（二）破产人欠缴的除前项规定以外的社会保险费用和破产人所欠税款；

（三）普通破产债权。

破产财产不足以清偿同一顺序的清偿要求的，按照比例分配。

破产企业的董事、监事和高级管理人员的工资按照该企业职工的平均工资计算。

劳务派遣

劳务派遣是指由劳务派遣机构与派遣劳工订立劳动合同，把劳动者派向其他用工单位，再由用工单位向派遣机构支付一笔服务费用的一种用工形式，又称人力派遣、人才租赁、劳动派遣、劳动力租赁、雇员租赁。派遣工一般从事的多为低技术含量工作，如保洁员、保安员、营业员、服务员等，劳动者一旦年老体弱，劳动能力下降，派遣单位就会在劳动合同到期后拒绝与其续签。劳务派遣的最大特点是劳动力雇用和使用相分离，处于强势地位的派遣单位和用工单位，容易利用劳务派遣的特性，转移用工风险，规避法律义务。一些劳务派遣单位经营不规范，规章制度不健全，承担责任和风险的能力差，甚至出现“皮包”公司，被派遣劳动者的合法权益受到侵害后，难以获得有效赔偿。为此，法律对劳务派遣单位提出了各项义务，以期保障劳动者的权益。

我国《劳动合同法》规定劳务派遣单位应当将劳务派遣协议的内容告知被派遣劳动者。知情权是劳动者的一项重要的权利，用人单位在招用劳动者时，应当如实告知劳动者工作内容、工作条件、工作地点、职业危害、安全生产状况、劳动报酬以及劳动者要求了解的其他情况，即工作内容主要是指干什么事情，如在什么岗位工作，干什么工种。工作条件主要包括工作环境、劳动工具、劳动强度、食宿等情况。工作地点包括工作场地的地理位置等情况。同样，劳务派遣单位作为用人单位，与用工单位订立劳务派遣协议后，应当将劳务派遣协议的内容及时告知被派遣劳动者。关于告知的方式，法律上并无特别的规定，一般应当以一种合理并且适当的方式进行告知，在实践中，一般采用书面方式进行，要求能够让对方及时知道和了解。

劳务派遣单位不得克扣用工单位按照劳务派遣协议支付给被派遣劳动者的劳动报酬。也就是劳务派遣单位要按照协议约定，足额支付被派遣劳动者劳动报酬。这里所说的劳动报酬主要是指被派遣劳动者在用工单位的工作岗位付出劳动后所应得的工资。实践中，被派遣劳动者劳动报酬的支付方式主要有两种：一是由用工单位直接支付；二是由劳务派遣单位支付，即用工单位按照协议约定，将包括工资在内的所有费用支付给劳务派遣单位，再由劳务派遣单位将劳动报酬支付给被派遣劳动者。第二种方式往往容易出现劳务派遣单位克扣劳动报酬的情况。对此，法律将此作为劳务派遣单位的义务作出明确规定。

劳务派遣单位和用工单位不得向被派遣劳动者收取费用。《中华人民共和国劳动合同法》第九条中也明确规定，用人单位招用劳动者，不得向劳动者收取财物。劳务派遣的立法精神是一致的，都是严格禁止侵犯劳动者的合法权益。劳务派遣单位和用工单位与被派遣劳动者的关系，通过劳务派遣单位与被派遣劳动者签订书面劳动合同、劳务派遣单位与用工单位签订劳务派遣协议得到了明确。但劳务派遣方式更多的是资本的选择而不是劳动者的选择，企业的目的是以此降低用工成本，因此，被派遣劳动者的权益极易受到侵犯。实践中，有些劳务派遣单位和用工单位为防止被派遣劳动者在工作中给本单位造成损失、不赔偿就不辞而别等情况，利用劳动力买方市场优势地位，在招工时向被派遣劳动者以押金、派遣费等名目收取费用。笔者就遇到过一个案件，劳动者被一家人力开发公司派遣到一家运输公司从事驾驶工作，运输公司向其收取押金。这些做法都是违法的。

被派遣劳动者享有与用工单位的劳动者同工同酬的权利。用工单位应当按照同工同酬原则，对被派遣劳动者与本单位同类岗位的劳动者实行相同的劳动报酬分配办法。用工单位无同类岗位劳动者的，参照用工单位所在地相同或者相近岗位劳动者的劳动报酬确定。同工不同酬的基本表现是，被派遣劳动者不能完全享受用工单位给予相同岗位的合同制职工的劳动报酬，如基本标准工资低，没有带薪休假、探亲假等，不能享受疗养、休养，不能申请困难补助等。这种做法基于职工身份的不同给予区别对待，既无益于劳动者的利益，也不利于企业的健康发展。因此，法律明确规定了被派遣劳动者享有与用工单位的劳动者同工同酬的权利。但我们要承认的是，由于“同工”在实践中非常难认定，用人单位总是有办法让被派遣劳动者和用工单位的劳动者从事的岗位事务没有直接可比性，“同酬”的要求也非常难以在诉讼实践中得到满足。

理论界和司法实务中均有观点认为：劳务派遣中，劳动者的正常工资由派遣企业支付，加班费、绩效奖金、相关福利待遇由用工单位支付，但用工单位不按时足额支付，给被派遣劳动者造成损害的，劳务派遣单位和用工单位应承担连带责任。

案例：2010年1月1日，邓某松与森远人力资源服务有限公司签订劳动合同，邓某松由森远人力资源服务有限公司派遣至楚星化工股份有限公司从事装卸工作。2010年10月31日，邓某松在工作过程中从车上坠落至地面受伤。2010年12月6日，邓某松因2010年10月31日在工作过程中从车上坠落至地面，造成全身多处擦伤，被诊断为“多处软组织损伤”一事，被人力资源和社会保障局认定为工伤。2011年9月21日，森远人力资源服务有限公司书面通知邓某松到楚星化工股份有限公司工作，邓某松工作一天后就离开了工作岗位，森远人力资源服务有限公司和楚星化工股份有限公司至今未对邓某松的离岗行为作出处理。邓某松向劳动争议仲裁委员会申请仲裁后不服裁定，起诉到法院。法院经审理后认为，2010年1月1日，邓某松与森远人力资源服务有限公司签订劳动合同，由森远人力资源服务有限公司派遣至楚星化工股份有限公司工作。2010年10月，邓某松在工作中受伤后与森远人力资源服务有限公司发生劳动争议，其间邓某松虽然有离岗行为，但用人单位森远人力资源服务有限公司与用工单位楚星化工股份有限公司均未对邓某松的离岗行为依法作出处理并通知邓某松，亦未解除与邓某松的劳动合同。同时，楚星化工股份有限公司也没有举证证明邓某松在这期间与其他单位建立新的用人或用工关系。因此，应当认定在此期间，邓某松与森远人力资源服务有限公司的用人关系、邓某松与楚星化工股份有限公司的用工关系继续存在。直至2013年6月1日，邓某松与宜人人力资源服务有限责任公司签订劳动合同，由其派遣至楚星化工股份有限公司工作。鉴于宜人人力资源服务有限责任公司认可从2013年5月27日开始与邓某松成立劳动关系，应当认定邓某松与森远人力资源服务有限公司的劳动关系从2010年1月1日存续至2013年5月26日。这期间森远人力资源服务有限公司作为用人单位，应当履行对邓某松支付工资、缴纳社会保险的相关义务。现森远人力资源服务有限公司已经于2013年5月24日注销，邓某松已经无法向其主张相关权利。楚星化工股份有限公司在此期间作为用工单位与森远人力资源服务有限公司解除劳务派遣协议时，邓某松的劳动争议尚未解决，楚星化工股份有限公司亦未能提交证据证明其按照劳务派遣协议的约定不应支付劳务派遣期间的工资、社会保险费或已经支付了上述费用，故根据《中华人民共和国劳动合同法》第九十二条第二款的规定，楚星化工股份有限公司应当与森远人力资源服务有限公司对邓某松的合法损失承担连带责任。

法条

《中华人民共和国劳动合同法》

第五十七条 经营劳务派遣业务应当具备下列条件：

（一）注册资本不得少于人民币二百万元；

（二）有与开展业务相适应的固定的经营场所和设施；

（三）有符合法律、行政法规规定的劳务派遣管理制度；

（四）法律、行政法规规定的其他条件。

经营劳务派遣业务，应当向劳动行政部门依法申请行政许可；经许可的，依法办理相应的公司登记。未经许可，任何单位和个人不得经营劳务派遣业务。

第五十八条 劳务派遣单位是本法所称用人单位，应当履行用人单位对劳动者的义务。劳务派遣单位与被派遣劳动者订立的劳动合同，除应当载明本法第十七条规定的事项外，还应当载明被派遣劳动者的用工单位以及派遣期限、工作岗位等情况。

劳务派遣单位应当与被派遣劳动者订立二年以上的固定期限劳动合同，按月支付劳动报酬；被派遣劳动者在无工作期间，劳务派遣单位应当按照所在地人民政府规定的最低工资标准，向其按月支付报酬。

第五十九条 劳务派遣单位派遣劳动者应当与接受以劳务派遣形式用工的单位（以下称用工单位）订立劳务派遣协议。劳务派遣协议应当约定派遣岗位和人员数量、派遣期限、劳动报酬和社会保险费的数额与支付方式以及违反协议的责任。

用工单位应当根据工作岗位的实际需要与劳务派遣单位确定派遣期限，不得将连续用工期限分割订立数个短期劳务派遣协议。

第六十条 劳务派遣单位应当将劳务派遣协议的内容告知被派遣劳动者。

劳务派遣单位不得克扣用工单位按照劳务派遣协议支付给被派遣劳动者的劳动报酬。

劳务派遣单位和用工单位不得向被派遣劳动者收取费用。

第六十一条 劳务派遣单位跨地区派遣劳动者的，被派遣劳动者享有的劳动报酬和劳动条件，按照用工单位所在地的标准执行。

第六十二条 用工单位应当履行下列义务：

（一）执行国家劳动标准，提供相应的劳动条件和劳动保护；

（二）告知被派遣劳动者的工作要求和劳动报酬；

（三）支付加班费、绩效奖金，提供与工作岗位相关的福利待遇；

（四）对在岗被派遣劳动者进行工作岗位所必需的培训；

（五）连续用工的，实行正常的工资调整机制。

用工单位不得将被派遣劳动者再派遣到其他用人单位。

第六十三条 被派遣劳动者享有与用工单位的劳动者同工同酬的权利。用工单位应当按照同工同酬原则，对被派遣劳动者与本单位同类岗位的劳动者实行相同的劳动报酬分配办法。用工单位无同类岗位劳动者的，参照用工单位所在地相同或者相近岗位劳动者的劳动报酬确定。

劳务派遣单位与被派遣劳动者订立的劳动合同和与用工单位订立的劳务派遣协议，载明或者约定的向被派遣劳动者支付的劳动报酬应当符合前款规定。

第六十四条 被派遣劳动者有权在劳务派遣单位或者用工单位依法参加或者组织工会，维护自身的合法权益。

第六十五条 被派遣劳动者可以依照本法第三十六条、第三十八条的规定与劳务派遣单位解除劳动合同。

被派遣劳动者有本法第三十九条和第四十条第一项、第二项规定情形的，用工单位可以将劳动者退回劳务派遣单位，劳务派遣单位依照本法有关规定，可以与劳动者解除劳动合同。

第六十六条 劳动合同用工是我国的企业基本用工形式。劳务派遣用工是补充形式，只能在临时性、辅助性或者替代性的工作岗位上实施。

前款规定的临时性工作岗位是指存续时间不超过六个月的岗位；辅助性工作岗位是指为主营业务岗位提供服务的非主营业务岗位；替代性工作

岗位是指用工单位的劳动者因脱产学习、休假等原因无法工作的一定期间内，可以由其他劳动者替代工作的岗位。

用工单位应当严格控制劳务派遣用工数量，不得超过其用工总量的一定比例，具体比例由国务院劳动行政部门规定。

第六十七条 用人单位不得设立劳务派遣单位向本单位或者所属单位派遣劳动者。

从职场性骚扰说起

——性侵犯相关问题和解答

女性容易受到性侵害，当然与不科学的性观念、舆论中的男权思维和人情关系的禁锢有重要关系。但女性受侵害后，由于种种原因无法及时有效地维权，进而导致侵害人变本加厉，也是关键的原因。我们需要告诉那些以为性侵害不过是偶然出现的个案、不足大惊小怪的人，性侵害就在我们身边，它可能发生在任何人身上，不管你是什么身份。它的发生与受害者的职业、性格、服饰没有任何关系。

本部分笔者将根据在相关案件中的审判经验，结合收集到的一些司法案例，为大家讲解法律上对性侵害的界定，讲述针对不同层级性侵害的不同应对方案。对于较轻层级的性侵害，希望起到防止性侵害升级的作用；对于严重的、已经涉嫌违法的性侵害，希望能帮助受害人通过控告、诉讼等法律手段维护自己的权益。

性侵犯的含义和层级

首先我们要搞清楚什么是性侵害。我国法律中虽然有性侵害这个词，但没有给出明确的定义。我们在媒体报道中常用的两个概念有“性侵害”和“性骚扰”。《中华人民共和国未成年人保护法》中就有提及“禁止对未成年人实施性侵害”，但是立法者没有明确规定什么是“性侵害”，而且此处“性侵害”的概念，仅限于在未成年人身上适用。2005年修改后颁布的《中华人民共和国妇女权益保障法》中出现了“性骚扰”概念，其中的第四十条规定“禁止对妇女实施性骚扰。受害妇女有权向单位和有关机关投诉”。“性骚扰”已被列入《中华人民共和国民法典》，其第一千零一十条第一款规定，违背他人意愿，以言语、文字、图像、肢体行为等方式对他人实施性骚扰的，受害人有权依法请求行为人承担民事责任。但性骚扰一般是指将程度严重的性侵害犯罪排除在外，对他人实施的“与性有关的”“不受欢迎”的行为。而且很多轻微程度的骚扰只是在道德上有可责性，还谈不上承担法律责任。所以，笔者个人将性侵害理解为：严重侵犯性权利、性自由的违法行为。为了方便统一概念，笔者把侵犯女性的性权利、性自由，引发对象反感和不快的行为统称为“性侵犯”，并根据程度分为五个层级。

第一个层级：语言和表情表达对女性性魅力的赞美或爱慕。在这一层级，我们比较难单纯地说这种行为是否不道德。关键还要看双方的身份和尺度。比如，一个未婚单身男青年，向另一未婚单身女青年表达对其容貌的赞美，即使女方不接受这种交流方式，但至少也不能指责男青年的行为不道德。但如果是一位中学老师，向他的学生表达了同样的赞美，因为双方的特殊身份关系，一般认为这样的表达是不妥当的。如果表达方式更加偏向于对学生的生理美感的欣赏，可以判定该行为已经涉嫌性侵犯。

第二个层级：语言、表情和行为表达对女性的非道德爱慕或调情。“非道德”中的道德标准，通常来源于公序良俗的判定和职业道德的要求。比如，一名有妇之夫向其他女性表达爱慕之情，当然不受社会公共道德的认可，由此我们可以判定其行为构成性侵犯。从西方国家反性骚扰的相关实践来看，对于有人身支配或依附关系的职业，职业人对相对人进行调情均是不被职业道德所允许的，如学生和老师、医生和病人、企业里的直属上司和职员等。

第三个层级：在社交礼仪的边界内，进行肢体接触，或直接对女性性特征或性器官发表评价。打个比方说，过长时间或过于深入的握手，没有必要的搀扶（搀扶部位往往是腰肢且靠近臀部）。从形式来看这些似乎是正常的行为，但足够让对象感觉到行为人的猥亵之意，这样的行为也构成性侵犯。但在这个层级，法律上较难证明对方的主观意图，受害人难以采取法律手段保护自己。

第四个层级：含有性意味的强行身体接触，用语言、手势以侮辱的方式表达性欲望。比如，强行贴近对方，用手势模拟性交行为，或直接表达交配意图，向对方裸露身体，发送淫秽图片、视频等。在这个层级，侵害人已经明显触犯了《中华人民共和国治安管理处罚法》，并且足够显著，易于取证。

第五个层级：实施对妇女的抠摸、舌舔、吸吮、亲吻、搂抱、手淫等强制猥亵行为，强奸妇女的行为。此时的性侵犯行为已经进入刑法评价领域，行为人涉嫌刑事犯罪。

从层级上来看，从第二个层级开始的行为可以被评价为不道德行为，第二个层级至第四个层级的行为主要是一般语义上的性骚扰。法律上的性侵害主要是第四个层级到第五个层级的行为，因为这部分已经明显超过一般人认可的交往界限，进入了违法甚至犯罪的领域。对于女性来说，它们也是重点要防范的部分。熟人间的后三个层级的侵害行为，往往由前两个层级的侵犯行为升级而来，因此掌握一定的应对措施也极有必要。

法条

《中华人民共和国民法典》

第一千零一十条 违背他人意愿，以言语、文字、图像、肢体行为等方式对他人实施性骚扰的，受害人有权依法请求行为人承担民事责任。

机关、企业、学校等单位应当采取合理的预防、受理投诉、调查处置等措施，防止和制止利用职权、从属关系等实施性骚扰。

《中华人民共和国未成年人保护法》①

第五十四条 禁止拐卖、绑架、虐待、非法收养未成年人，禁止对未成年人实施性侵害、性骚扰。

禁止胁迫、引诱、教唆未成年人参加黑社会性质组织或者从事违法犯罪活动。

禁止胁迫、诱骗、利用未成年人乞讨。

《中华人民共和国妇女权益保障法》

第四十条 禁止对妇女实施性骚扰。受害妇女有权向单位和有关机关

① 本法于2020年进行修订，将于2021年6月1日起施行，本节所引为新修订的内容。

投诉。

第五十八条 违反本法规定，对妇女实施性骚扰或者家庭暴力，构成违反治安管理行为的，受害人可以提请公安机关对违法行为人依法给予行政处罚，也可以依法向人民法院提起民事诉讼。

轻微性侵犯的应对

笔者在中国裁判文书网找资料时发现，由于最高人民法院涉及隐私的裁判文书不上网的相关规定，在常见名誉权、人身权诉讼下几乎找不到相关案例，最后发现只有劳动争议类下有相关的内容。其中少量是女性受害人因受不了被迫离职起诉单位要求支付赔偿金，更多的是男性被单位以性骚扰女同事的名义辞退，起诉单位要求支付赔偿金。从判决结果来看，法院认定存在性侵害行为的，只有20%左右，更多的是无法认定。原因在于骚扰行为往往在私密环境中突然发生，较少留下人证、物证、书证，给举证造成困难。很多被侵害的女员工担心成为流言蜚语的议论对象而选择沉默或离职，既没有当场拒绝，事后也没有及时举报，无疑给用人单位后续的处理增加了难度。实践中发生争议时用人单位提交的证据多为受害人证言，在没有其他证据佐证的情况下，用人单位如果径行作出解除决定，则存在较大的败诉风险。但是若有事发录像、报警记录等，证明力度将大大提升。实践中也大量遇到用人单位因缺乏清晰完整的视频监控，无法识别实施人的面部、身形、动作特征，又没有其他证据进行佐证而导致受害人最终败诉的情形。证人证言也是同理，这类案件因为发生较为突然和私密，有在场证人的情况不多，有证人的案件中证人的身份基本为在职员工，基于此，法院可能以证人与实施者、受害人有利害关系为由，不予采信。因为在现代法治社会，相比放纵坏人，更可怕的是冤枉好人。对于无法判断主观意愿的行为，更容易造成误判、错判。因此这时法院的谨慎与小心，正是为了不冤枉无辜作为被告的大众。对于上述前两个层级的性侵害来说，法院也更多作非道德行为认定，而第三个层级的社交边缘接触行为，也难有证据证明行为人主观上是出于侵害女性性权利的目的而难以定案。

案例：于某系某网络公司的财务主管，与公司签订无固定期限劳动合同。孙某是其女下属。孙某称2016年7月16日17时许，其前往于某处汇报工作，在双方的交谈过程中，于某对其有非礼行为，双方因此发生争执。事发后，公司与于某进行谈话并录音，于某坚决否认该情况。7月20日，公司以于某对下属女职工多次进行言语、行为骚扰和侮辱为由通知于某解除劳动合同。于某不服，双方最终进入诉讼。法院经审理后认为，公司主张于某当众骚扰、侮辱女同事，仅提供了当事人孙某的陈述，在公司事后的调查谈话录音中于某也否认存在该行为，在没有其他证据相互佐证的情况下，公司解除于某的依据不足，解除行为不当。

由此可见，对于前两个层级的性侵犯，法院会非常慎重地考虑是否仅仅是一般性的违反道德行为，所以这些行为很难在诉讼中被认为违法。而第三个层级的侵害，肢体接触往往难以证明侵害人有猥亵意图，对性器官的语言猥亵也很难取证，所以对于前三个层级的性侵犯行为，要更多采取更加灵活的应对方式。

一是要态度坚定地说“不”！许多研究指出，女性明确说“不”的态度对遏制性骚扰的发生或延续具有重要作用。面对性骚扰，女性的态度大致分为两种：其一是在性骚扰初起阶段就明确说“不”，并在此后保持谨慎；其二是碍于多种原因，采取隐忍和其他妥协的方式，虽然并不是没有拒绝过，但这种拒绝是以一种软弱的姿态表示的。从结果来看，含混、逃避和隐忍的做法无一例外地纵容了性骚扰的持续和发展，甚至会导致更加恶劣的结果，在数起案例中直至发展成为屈从性的性行为或强奸。

怎么说“不”：要态度明确、意志坚定地表达自己的负面感受，并要求类似行为不再发生。

例1：请不要再说“你真好看”的话了，我不想再听到。

例2：我有喜欢的人，不要再对我说“我喜欢你”这种话。

例3：请把手拿开，我不习惯别人碰我，以后也不要碰我身体。

在制止、避免已经发生或即将发生的性骚扰时，女性坚决说“不”的态度是非常重要的。特别注意需要使用严肃、认真、坚决的语气，避免过多的虚词。来个反面例子：我有喜欢的人了啊，不要再对我说“我喜欢你”这种话啦（语气轻佻）。

二是要以行为表达绝不妥协的决心！绝大部分性侵害人害怕的是受害人闹大，导致自己受到舆论谴责、单位处分，甚至是法律制裁。但他也明白在当前的社会环境下，事件闹大的结果是双输，他虽然会倒霉，但女性也会承担巨大的精神负担和社会压力，甚至无法再在原学校、原单位，甚至原地区继续生活。如果受害人在这个过程中展示出了软弱和害怕被人知道“丑事”的心理，那么必然会鼓励侵害者的信心，导致侵害的升级。所以，除了敢于说“不”，还必须以一定方式表现出自己不怕闹大、敢于闹大的决心，增加自己的威慑力。就算没有这个决心，也要装出来。

一名成功避免性侵害的女性突然遭遇同事的性骚扰时，大声喊：“某某要流氓了！”推开他就往外跑。主任听见声音后出来，问是怎么回事。女同志当时话都说不出来了，愣了会儿说，某某要流氓。这会儿女同志又往边上一看，那个家伙站在下边，脸色发白。女同志顿了一顿，忽然哈哈大笑又跟主任说了一遍，某某要流氓了，可这次的口气和上一次完全不一样。当时这事儿就这样遮掩过去了。过了好些时候，有一天那人猛不丁地又跟女同志说起这件事，他想解释，可能也想道歉。女同志没让他解释，只说：“这事只能一次，可以不计较，再有下一回就不是这样的结果了。”这名女性十分聪明，她大声地喊出“某某要流氓了”以后，事件解释权就到了她手里，形成进可攻、退可守的有利态势，形成足够威慑后，辅以让对方下台的台阶，避免了对方狗急跳墙，实在是高明。还有一个方案是在遭遇性侵害的时候发一条朋友圈，内容隐晦地指向性侵害事件，如“没想到真有如此无耻下流的人”，让侵害人和双方共同社交人群看到。当大家评论询问发生了什么时，就以“这是最后一次”等语言进行回应。这样能让侵害人意识到受害人已经做好了“宁为玉碎”的决心，能对大多数仍然要维持自己社会形象的人产生极大的威慑力。

三是要寻求身边同学、同事和单位的帮助。当遇到毫无廉耻、丝毫不顾及自身社会形象的侵害人时，可能之前的方法效果都不理想。此时，身边人的帮助和支持非常重要。有同学、同事陪同可以起到避免和侵害人独处，提供证人证言等作用。在媒体上号称“性骚扰获刑第一案”中，同事的报警就起了重要的作用。此外，单位对待此事的反应，对员工遭受外来性侵害时有十分积极的作用。如某个餐馆服务员所说：“我遇到的老板基本上都是为员工着想的，一般都是出来劝，实在不行了就换个服务员。有的时候老板一看客人喝高了，就会主动换上男服务员。要是闹得厉害了，就报警。”对于遇到单位内部的性侵害，请求单位处理的结果则分两种情况：有的女性受害者得到了单位或有关组织的支持。如某国企的纪委书记在接到受害者的投诉后，不推诿、不包庇，责令骚扰者——该国企的某领导向受害者写了三封道歉信。在受害者精神和身体受到巨大伤害、提起诉讼时，这三封道歉信成为有力的呈堂证供。有的女性则遇到了单位的消极应对，单位对可能导致其利益受损的性骚扰指控不闻不问、推诿掩盖；那些只保护一己私利、关注权势的单位负责人，则可能联手压制打击试图反抗他们权威的投诉者。所以，在向学校、单位等所在组织投诉内部的性侵害行为时，要充分收集证据，避免单位的消极应对。需要收集什么样的证据，以及如何收集证据，我们会在后面集中论述。

严重侵害的应对

如果说第三个层级的性侵害行为还游走在法律的边缘，那么第四个层级、第五个层级的行为就直接进入了违法的范畴。国家对于此类行为，均有法律明确规定其为违法。

如我国《刑法》规定：以暴力、胁迫或者其他手段强奸妇女的，处三年以上十年以下有期徒刑；以暴力、胁迫或者其他方法强制猥亵他人或者侮辱妇女的，处五年以下有期徒刑或者拘役；聚众或者在公共场所当众犯前款罪的，或者有其他恶劣情节的，处五年以上有期徒刑。我国《治安管理处罚法》里也有关于发送淫秽、侮辱、恐吓或者其他信息，偷窥、偷拍、窃听、散布他人隐私的，猥亵他人的，或者在公共场所故意裸露身体的相关规定。同时，我国《妇女权益保障法》也说得很明确：对妇女实施性骚扰或者家庭暴力，构成违反治安管理行为的，受害人可以提请公安机关对违法行为人依法给予行政处罚，也可以依法向人民法院提起民事诉讼。也就是说，国家给性骚扰受害人提供了两条法律上的救济途径：一是通过民事诉讼来制止行为人的侵害行为，要求行为人停止侵害、恢复名誉、消除影响、赔礼道歉，并可以要求赔偿损失。二是通过向公安机关报案，要求公安机关对案件进行调查，对违法分子施以治安处罚，直至追究刑事责任。

两种途径各有优劣：民事诉讼比较灵活，程序启动方便，对侵害程度的要求不那么高（如第三个层级的行为很难在第二条途径中成立），但无法给行为人以足够的惩罚。而向公安机关报案如果成功，行为人会受到法律严厉的制裁，但证据要求苛刻，且侵害程度必须较为严重才能成立。

具体的立案要求和法院的裁判思路，我们分别通过两个案例来了解。

一是媒体称之为“性骚扰民事诉讼第一案”的案例。

案例：唐某汉是某公司的常务副总经理，因为工作性质的关系，童某经常到他的办公室送文件、签收文件。每次到他的办公室，他总是用一些难听的言语挑逗童某，很不礼貌。刚开始的时候，童某想着他是常务副总经理，得罪他不是太好，也不想把这个事情闹大，就忍下来了。错误的应对，带来的是性侵犯层级的提升。童某的忍让使对方变本加厉，他非但没有收敛，反而又对童某动手动脚起来。童某郑重地告诉他，“你看错人了，我是一个堂堂正正的、一个有丈夫和孩子的人”。唐某汉见童某不吃他那一套，曾收敛了一段时间。后来，唐某汉当上了总经理，开始对童某更加放肆起来，说如果童某顺从了他，他就准备给童某调一个好的职位。在被拒绝后，唐某汉勃然大怒。以后的4年间，唐某汉无故克扣童某的福利和奖金，处处压制她的发展。童某考虑后决定通过法律途径来解决。2001年7月中旬，童某向法院递交诉状。经过一系列审理，2001年10月26日，法院作出一审判决，认定原告主张的唐某汉对其性骚扰证据不足，驳回了原告的诉讼请求。童某的律师对该判决十分不满。他认为，庭审中原告出示了1个直接证据和8个间接证据。直接证据是童某的同事在总经理办公室门外，听到里面童某说“你不要这样”之类的语言。法院对这个证据判定为，人没有进门，无法知道里面正在发生什么，同时也没有听到唐某汉的声音，无法认定里面除了童某还有什么人，所以无法认定该证据。

这个案件从立案之初就广受关注，法院在2001年就以《中华人民共和国民法通则》的原则规定来受理此案，充分说明了对妇女受性侵害现象的重视。但原告最终没有胜诉，关键在于证据的证明力太过薄弱。唯一的直接证据还是证人证言，而且不是目击证言，最后无法被采信实在是遗憾。

在这里笔者需要为该判决辩护一下：民事诉讼的证据一般要求是高度盖然性，就是证明的事实高度可能真实。但涉及是否有实施性侵害行为的认定时，因为是直接影响到一个人名誉的重大事项，所以证据必须充分到接近可以排除合理怀疑的地步。也就是说，单凭办公室内传来“你不要这样！”的声音，既不能证明里面实施了性侵害行为（也可以是其他行为），也不能排除是一方故意叫喊，也无法证明里面其他人的身份，所以行为无法被法院认定。

另外向公安机关报案的路径，我们来看一个媒体称之为“性骚扰获刑第一案”的案例。

案例：29岁的刘某是高新区某高科技企业的人事经理。刚刚毕业的陈某到该企业应聘文员一职，作为公司人事经理的刘某参与了面试工作，并决定录用陈某。第二天，正在单位上班的陈某，接到了刘某的电话：“下班后到407房间来一下，有工作上的事情要和你谈一谈。”大厦407房间是刘某的办公室，单位的下班时间是17时。17时，单位的同事都纷纷下班，陈某敲开了刘某的办公室大门。几句寒暄之后，刘某突然告诉陈某："我很喜欢你，做我的女朋友吧？"陈某坚决拒绝，说自己已经有男朋友了。面对陈某的拒绝，恼羞成怒的刘某关了灯，强行将陈某抱住，卡住陈某的脖子，强行亲吻她。陈某大声呼救，并奋力反抗。此时，正在隔壁加班的另一部门负责人杨某听到呼救声后，拨打110报警。赶到现场的警方将刘某当场抓获，此时的陈某业已逃出了407房间。当日，公安机关就对刘某以涉嫌强制猥亵妇女罪刑事拘留。法院不公开开庭审理了此案。刘某的辩护律师称，刘某叫陈某下班后来办公室，是因为将陈某作为公司的培养对象，准备进一步对其晋升职位，对陈某的行为完全是临时起意。"刘某其实是想和陈某谈恋爱，猥亵她不是真正的目的。"法院经审理后认为，刘某采用强制手段，拥抱抚摸亲吻受害人，已经构成了强制猥亵妇女罪，并认为刘某在犯罪实施过程中，利用了自己主管人事的便利，情节恶劣。最后法院以强制猥亵妇女罪，判处刘某拘役5个月。判决后，刘某没有提出上诉。

在这个案件中，之所以能够顺利将性侵害人绳之以法，主要是因为受害人同事报案及时，警方固定证据充分，现场抓获，人证物证俱全。综上分析，我们可以看到，在第三个层级以上的性侵害中，证据是核心要素。无论是寻求组织支持，还是寻求司法机关的判决，都需要充分的证据。如何收集证据，成为维权的重中之重。

法条

《中华人民共和国刑法》

第二百三十六条 以暴力、胁迫或者其他手段强奸妇女的，处三年以上十年以下有期徒刑。

奸淫不满十四周岁的幼女的，以强奸论，从重处罚。

强奸妇女、奸淫幼女，有下列情形之一的，处十年以上有期徒刑、无期徒刑或者死刑：

（一）强奸妇女、奸淫幼女情节恶劣的；

（二）强奸妇女、奸淫幼女多人的；

（三）在公共场所当众强奸妇女、奸淫幼女的；

（四）二人以上轮奸的；

（五）奸淫不满十周岁的幼女或者造成幼女伤害的；

（六）致使被害人重伤、死亡或者造成其他严重后果的。

第二百三十七条 以暴力、胁迫或者其他方法强制猥亵他人或者侮辱妇女的，处五年以下有期徒刑或者拘役。

聚众或者在公共场所当众犯前款罪的，或者有其他恶劣情节的，处五年以上有期徒刑。

猥亵儿童的，处五年以下有期徒刑；有下列情形之一的，处五年以上有期徒刑：

（一）猥亵儿童多人或者多次的；

（二）聚众猥亵儿童的，或者在公共场所当众猥亵儿童，情节恶劣的；

（三）造成儿童伤害或者其他严重后果的；

（四）猥亵手段恶劣或者有其他恶劣情节的。

《中华人民共和国治安管理处罚法》

第四十二条 有下列行为之一的，处五日以下拘留或者五百元以下罚款；情节较重的，处五日以上十日以下拘留，可以并处五百元以下罚款：

（一）写恐吓信或者以其他方法威胁他人人身安全的；

（二）公然侮辱他人或者捏造事实诽谤他人的；

（三）捏造事实诬告陷害他人，企图使他人受到刑事追究或者受到治安管理处罚的；

（四）对证人及其近亲属进行威胁、侮辱、殴打或者打击报复的；

（五）多次发送淫秽、侮辱、恐吓或者其他信息，干扰他人正常生活的；

（六）偷窥、偷拍、窃听、散布他人隐私的。

第四十四条 猥亵他人的，或者在公共场所故意裸露身体，情节恶劣的，处五日以上十日以下拘留；猥亵智力残疾人、精神病人、不满十四周岁的人或者有其他严重情节的，处十日以上十五日以下拘留。

如何收集性侵害证据

有的女性受害人在进行维权的时候，会说："你们去问啊，这事大家都知道！"但法律的公正建立在严格的司法程序之上，在诉讼中，哪怕法官内心真的相信你没有说谎，但没有扎实可靠的证据，只能判决你败诉。请记住：证据才是诉讼中的王牌。

案例：小娜（化名）的父亲于2015年10月初给女儿找了在北京某中学任教时曾被评为"一级教师"以及"海淀区骨干教师"的邹某武做家教。2015年10月至2016年7月每周上一次课，每次两小时共1200元。后来邹某武提出涨价，两小时1800元。截至案发前，小娜的父亲共支付邹某武补课费人民币16万余元。刚开始补课没多久，女儿就反映说邹某武对她动手动脚，不想让邹某武补课了，但小娜的父母觉得是小娜成绩提高了就不想学习了，于是没有同意。2016年11月，女儿又跟父亲说邹某武对她动手动脚，女儿还让他在家里装一个监控。小娜的父亲终于重视，在家里安装了监控，通过监控，他们发现了女儿遭遇性侵害的事实，录下了关键视频后报警。这个证据成为公安机关开展刑事侦查工作的关键突破口。事发后，多名曾经接受过邹某武家教的女生纷纷出来指控他的行为。学生小雯（化名）在证言中称，她从新闻上看到邹某武强奸女学生的报道，自己也到公安机关报了案。2009年9月至2010年6月，她当时读初三，邹某武是初中部数学教师。中午休息时，邹某武在办公室给她补习数学，其间，邹某武经常对她进行猥亵。法院经审理查明，2015年9月至2016年8月，邹某武任某中学数学老师，小娜为该校高中学生。2016年9月，邹某武从该校辞职，到另一所中学任临时代课老师。从2015年10月到案发前，邹某武受雇为小娜的家教老师。2016年3月至案发，邹某武利用给小娜辅导功课之机，多次强制猥亵小娜，并多次强行与小娜发生性关系。在法院认定邹某武犯罪事实的证据中，除了邹某武的供述、相关人员的证人证言、医院的医学诊断书，还有监控录像及司法鉴定意见书。监控录像显示，邹某武在小娜家中有侵害小娜的行为。其间，小娜始终有躲闪、收手等动作。经鉴定，该视频画面未发现存在人为删除、调整或改动的痕迹。法院认为，邹某武违背妇女意志，多次强行与未成年女性发生性关系，其行为已构成强奸罪；邹某武以胁迫方式多次强制猥亵未成年女性，已构成强制猥亵罪，应与强奸罪并罚。邹某武作为具有从业资格的职业教师，也是本案未成年被害人的任课及家教老师，在教学过程中，却严重违背教师职业道德，多次强奸、强制猥亵未成年女性学生，依法应从严惩处。根据最高人民法院、最高人民检察院、公安部、司法部印发的《关于依法惩治性侵害未成年人犯罪的意见》，结合邹某武犯罪行为持续的时间、次数、对象、手段及主观态度等情况，为预防再犯的发生、保障未成年人的健康教育环境，依法对邹某武宣告从业禁止。法院最终以强奸罪判处被告人邹某武有期徒刑九年；以强制猥亵罪判处被告人邹某武有期徒刑四年；决定执行有期徒刑十二年六个月。禁止被告人邹某武自刑罚执行完毕或者假释之日起五年内从事与未成年人相关的教育工作。

宣判后，邹某武认为法院量刑过重，提起上诉。二审法院经审理认为，一审时法庭当庭举证质证，足以证明邹某武的犯罪事实，且一审法院在对邹某武量刑时已考虑邹某武在2016年4月实施强奸行为时，因其自身原因未得逞等情节，在量刑时对其酌予从轻处罚，量刑适当。法院对邹某武的上诉理由不采纳。最终法院驳回上诉，维持原判。

所以，有力的证据才是制裁不法分子的关键。那么什么样的证据才有足够的证明力呢？首先，实物证据优于言词证据。孤立少数或是与当事人有利害关系的证人证言，在此类案件中证明力相当弱，难以独立被法院采信。其次，直接证据优于间接证据。能独立证明性侵事实的是直接证据，如行为人自己写的载明性侵过程的道歉信、用摄像头记录了完整性侵过程的视频资料。而其他所谓传言，所谓办公室里的激烈争吵，都是间接证据。最后，原始证据优于传来证据。所谓原始证据就是通常所说的“第一手证据材料”。比如，手机中的录音原件是原始证据，而经过刻录在光盘里的内容就不是原始证据了。所以，我们需要的是实物证据、直接证据、原始证据来证明性侵害人的侵害行为。在性侵犯事件中，行为人主要通过语言和行为进行。除通过短信、微信、邮件等以文本形式发送的文字外，语言和行为都是即时性的、一次性的。对于这两种不同情况和不同类型的证据，需要不同的取证方式。

书面证据

写信、写纸条，用下流语言对女性进行侮辱的，现在已经比较少见了。如果收到这类的东西，可以作为现成的直接证据。需要注意的是，除了司法机关，谁要正本都不能给（这是关键的原始证据），只能提供复印件。是信件的，保存好封皮；没有署名或从内容中难以明确作者的，有条件的可以收集行为人的其他手写件用于比对。

电子信息

在此类案件中，主要是指短信、微信、邮件发送的文本文件或音频、视频、图像文件。与书面证据一样，因为它们是直接发送给受害人的，获取较为简单。需要注意的是，保存好原始的接受载体，如手机，切勿删改。除司法机关外，一般只提供文本、图片的拍摄件和音频、视频的刻录光盘，不直接提供原始记录载体。如果行为人是以微博、朋友圈形式进行的性侵害，由于行为人随时可以删除、修改内容，所以要第一时间请公证人员对相关内容进行公证固定。

如果对方的通信账号是非实名的或非手机注册的，你还需要证明该账号系侵害人所有。如果对方头像是普通自拍照，或是对方朋友圈、相册里有自拍，那么把照片公证固定，结合其他信息就基本可以锁定账号使用人。如果这也不行，就想办法进行一次资金来往，通过银行卡来锁定身份。比如，部分贪婪的侵害人会答应“给你1000元，以后别骚扰我”的条件，但别指望他真的会停止。

录音、录像

对于直接以语言和行为进行性侵害的情况，最可靠的证据就是录音和录像之类的视听资料了。上面提到的童某案件中，童某并非突然遭受性侵害，而是经历了行为的不断升级。如果童某可以携带小型录音设备进入经理办公室，并记录下包括“你不要这样”在内的完整对话内容，那么在法庭上被告就无法抵赖了。

考虑到童某案件发生在2000年左右，当时没有智能手机，一般人也接触不到微型录音设备，取证失败也情有可原。但在智能设备广泛使用的当下，熟练掌握自己手机的快捷录音、息屏快拍功能，就可以有效形成对自己有利的证据。在前两种证据难以锁定发送人身份的时候，也可以质问行为人并偷录对话内容来补强书证和电子信息。

对于电话中的骚扰语言，完全可以利用电话本身的功能对通话进行录音。同样，对这些录音、录像证据也要保存好原始载体。

对于常发生在受害人自己可以控制的场所的侵害行为，可以安装摄像头对侵害人进行拍摄。

人体痕迹

对于暴力程度比较大的性侵害案件，可能受害人身上会留下吻痕、抓痕、瘀青等人体痕迹。这些证据，需要公安机关及时进行鉴定。由于这些痕迹容易自然消失，因此务必第一时间报案。前述的陈某案，对于受害人软组织挫伤的鉴定结论，既证明了侵害人对陈某使用了暴力，也证明了强制猥亵的严重程度，成为将侵害人入罪的重要证据。如果强奸行为发生在熟人之间，又是女性在意识清醒情况下非胁迫地进入酒店或是男方住所，就更是要通过刻意制造伤痕来证明发生关系系被迫，并在事后第一时间报警，以免让侵害人逃脱法网。此外，还可以记下对方私密部位的显著特征，以证明双方曾经有发生过密切性接触的事实。在小娜的案件中，小娜在公安机关的首次陈述中表示，第一次被强奸时，她发现邹某武左侧臀部的红色胎记，并有照片佐证。但邹某武却称不知自己是否有胎记，辩解明显有悖常理，因此法院不予采信。

DNA等生物学证据

对于强制猥亵和强奸的犯罪行为，DNA比对是证明双方身份的最有力证据。要注意收集撕毁的内衣、体液的斑迹、避孕套、卫生纸之类存在人体组织的物证。要尽最大可能地证实两人身体上的接触，留存嫌疑人的生物学痕迹。受害人的衣物、身体表面、现场环境都可能留有对方的痕迹，现在的技术可通过采集皮屑、毛发、唾液、血液、精液等确认DNA标识。在反抗过程中，受害人留在对方身上的伤痕，如指甲里的血液、皮屑残留，一样是有利的证据。再进一步，暴力性行为会在下体的内外留下伤害的痕迹或者对方体液，通过公安机关指定医院和司法鉴定，都可以得出相应的结论。如果当时没有保全类似证据，提供事发时穿着的内衣裤，也许还能进行提取。

对抗性侵犯需要勇气和智慧。正如小娜的父亲所说，他当时在外间看到猥亵画面就愤怒至极了，但想到若不把全程录下来，缺乏证据，报案时就会很不利，无法让邹某武付出应有的代价，只好强忍着录下了全程。收集到证据后，小娜父亲先征询了女儿的意见。小娜表示，“我自己可以站出来指证他，事情已经发生了，我不再害怕了”。若没有小娜父亲的理性忍耐和小娜的坚强勇敢，这个人间败类可能还逍遥法外，祸害更多的花季少女。在此，向他们致敬。

离婚时你该知道的

——离婚制度相关问题和解答

凡为夫妻之因，前世三生结缘，始配今生夫妇。夫妻相对，恰似鸳鸯，双飞并膝，花颜共坐；两德之美，恩爱极重，二体一心。三载结缘，则夫妇相和；三年有怨，则来仇隙。若结缘不合，想是前世怨家。反目生怨，故来相对。妻则一言数口，夫则反目生嫌。似猫鼠相憎，如狼羊一处。既以二心不同，难归一意，快会及诸亲，以求一别，物色书之，各还本道。愿妻娘子相离之后，重梳蝉鬓，美扫娥眉，巧逞窈窕之姿，选聘高官之主，弄影庭前，美效琴瑟合韵之态。解怨释结，更莫相憎；一别两宽，各生欢喜。

——唐《放妻书》

虽然大家都希望婚姻关系稳定，夫妻生活和美，但现实中，夫妻离婚并不少见。离婚一旦发生，针对财产分割、债务承担、子女抚养的问题，双方往往会爆发激烈冲突，本章节我们主要讨论这些问题。

协议离婚与“离婚冷静期”

我国的离婚制度，分为协议离婚和诉讼离婚两种。婚姻关系当事人对离婚所持的态度不同，在处理程序上也大不相同。协议离婚也叫“双方自愿离婚”，是指婚姻关系当事人达成离婚合意并通过婚姻登记程序解除婚姻关系的法律制度。其主要特征，一是当事人双方在离婚以及子女和财产处理问题上意愿一致，达成协议；二是按照婚姻登记程序办理离婚登记，取得离婚证，即解除婚姻关系。诉讼离婚，是指夫妻双方就是否离婚或者财产的分割、债务的分担、子女的抚养等问题无法达成一致意见，向人民法院起诉，人民法院经过审理后，通过调解或判决解除婚姻关系的一种离婚制度。与诉讼离婚相比，协议离婚制度有许多优势。首先，协议离婚注重婚姻双方当事人的主观意愿，也就是说双方当事人的主观意愿起到了决定性作用。协议离婚，有利于在婚姻关系已经无法继续维持的情况下，由夫妻双方心平气和地解决矛盾冲突，避免互相指责，消除对立情绪，更可以减少日后双方的仇视和对立。其次，由于协议离婚可以私下进行，不用把双方的隐私在法庭上公开，事实上也有利于双方当事人之间感情的维护和个人权利的保护。最后，由于协议离婚是双方合意的结果，因此，对于夫妻财产分割及子女抚养等问题的处理，都是双方各自真实的合意，所以在将来履行上也相对不会存在问题，有利于对子女的抚养教育等事项的落实。

《中华人民共和国民法典》规定，双方若是协议离婚，需要签订书面离婚协议，并亲自到婚姻登记机关申请离婚登记。自婚姻登记机关收到离婚登记申请之日起30日内，任何一方不愿意离婚的，可以向婚姻登记机关撤回离婚登记申请。期限届满后30日内，双方应当亲自到婚姻登记机关申请发给离婚证；未申请的，视为撤回离婚登记申请。与旧法相比，新规定强调了双方需“亲自”前往婚姻登记机关办理手续，且登记离婚后，并不立即发生离婚的效力，而是要30日后双方再去申请离婚证，才算正式离婚。如果没有再去申请，则视作放弃离婚。该30日就是所谓的“离婚冷静期”。这里笔者不打算再谈该制度的利弊，更建议每一个登记离婚的人都充分利用这个“离婚冷静期”，除思考是否真的要离婚外，更要请法律专业人士对离婚协议中子女抚养、财产以及债务处理的事项进行分析评估。若登记时考虑不周，冲动签署协议，可以在期限届满后拒绝申请离婚证，使离婚协议不发生效力。

法条

《中华人民共和国民法典》

第一千零七十六条 夫妻双方自愿离婚的，应当签订书面离婚协议，并亲自到婚姻登记机关申请离婚登记。

离婚协议应当载明双方自愿离婚的意思表示和对子女抚养、财产以及债务处理等事项协商一致的意见。

第一千零七十七条 自婚姻登记机关收到离婚登记申请之日起三十日内，任何一方不愿意离婚的，可以向婚姻登记机关撤回离婚登记申请。

前款规定期限届满后三十日内，双方应当亲自到婚姻登记机关申请发给离婚证；未申请的，视为撤回离婚登记申请。

第一千零七十八条 婚姻登记机关查明双方确实是自愿离婚，并已经对子女抚养、财产以及债务处理等事项协商一致的，予以登记，发给离婚证。

诉讼离婚的判断标准

诉讼离婚，是婚姻当事人向人民法院提出离婚请求，由人民法院调解或判决而解除婚姻关系的一项离婚制度。诉讼离婚制度，适用于当事人双方对离婚有分歧的情况，包括一方要求离婚而另一方不同意离婚而发生的离婚纠纷；或者双方虽然同意离婚，但在子女和财产处理问题上不能达成一致意见、作出适当处理的情况。在父权家长制的中国古代社会，解除婚姻关系实质上是男子把妻子赶出家门，属于片面保护男方家族利益，基本上不承认妇女的离婚请求权，这是中国古代几千年离婚制度的基本情况。1950年5月1日，《中华人民共和国婚姻法》正式实施，颠覆了“父母之命，媒妁之言”的传统婚姻，开始了男女婚姻自由、一夫一妻、男女权利平等、保护妇女和子女合法利益的新民主主义婚姻制度。1980年，第一次修改后的《中华人民共和国婚姻法》，放宽了离婚条件，最重大的变革是对离婚的法定理由做了一个实体性的规定，将“感情确已破裂”作为离婚的条件。虽然一直以来都有学者对这个表达持有异议，认为结婚时不要求双方“有感情”，为什么离婚要求“感情确已破裂”呢？更关键是感情这种人类思维领域的存在形式，不适合作为一个司法裁量标准。此后到2001年婚姻法修正和2021年《中华人民共和国民法典》实施，都在不停地增加所谓“感情确已破裂”的具体情形。其实这种情形确实更加适合用“婚姻关系确已破裂”

进行描述，但“感情确已破裂”的表述方式一直延续至今，审查标准确实更加适合用“婚姻关系确已破裂”进行描述。“感情确已破裂”的表述方式一直延续至今，但具体审查标准已经形成了较为完整的规范，也无须再纠结用词。具体可以判决离婚标准如下。

第一，重婚或有配偶者与他人同居的。重婚，是指有配偶者又与他人结婚的违法行为，表现为法律上的重婚和事实上的重婚。前者是指有配偶者又与他人登记结婚，后者是指有配偶者又与他人以夫妻名义同居生活。有配偶者与他人同居，也称姘居，是指有配偶的人与他人过着隐蔽的同居生活，不以夫妻名义，也无永久共同生活目的的行为。重婚属于违法行为，也是严重伤害夫妻感情的行为，如果夫妻一方重婚，另一方起诉要求离婚，人民法院调解无效的应当准予离婚。如夫妻感情尚未破裂，原配偶坚持不离婚的，可不准予离婚；如果夫妻感情确已破裂，调解无效的，可准予离婚。

案例：程某离家外出经商，小有成就，与当地一名李姓女子以夫妻名义同居生活，并育有子女，且为了给李某“地位”，程某在自己母亲去世后立墓碑时，以李某作为自己的妻子将其名字刻在母亲的墓碑上。这一荒唐的举动让妻子王某怒不可遏，向当地司法机关举报程某犯重婚罪，程某被当地法院判处有期徒刑一年，缓刑一年。随后，程某向法院起诉，请求与王某离婚，王某同意离婚，但请求程某支付离婚损害赔偿金10万元。法官在审理过程中，明确向程某指出，因其重婚问题刑事判决认定已经生效，王某的请求符合《中华人民共和国婚姻法》第四十六条第（一）项规定的因重婚导致离婚的，无过错方有权请求损害赔偿的法定条件，希望双方念及之前的夫妻之情，协商解决离婚中的相关问题。之后，经过法庭耐心的调解工作，程某、王某对离婚、子女抚养、财产分割问题协商一致后签订了离婚协议，同时程某当庭一次性支付给王某离婚损害赔偿金5万元。

第二，实施家庭暴力或虐待、遗弃家庭成员的。家庭暴力和虐待，是指发生在家庭成员之间，以殴打、捆绑、残害身体、禁闭、冻饿、凌辱人格、精神恐吓、性暴虐等手段，对家庭成员从肉体上、精神上进行伤害、摧残、折磨的行为。遗弃，是指对于需要扶养的家庭成员，负有扶养义务而拒绝扶养的行为。表现为经济上不供养，生活上不照顾，使被扶养人的正常生活不能维持，甚至生命和健康得不到保障。

案例：2009年10月，罗某与肖某保通过互联网相识；同年12月11日，双方登记结婚，肖某保系再婚；2011年1月16日，肖某保与罗某共同生育一女肖某曦；2013年7月，罗某以夫妻感情破裂为由诉于法院要求与肖某保离婚，后撤回起诉；2013年12月下旬，罗某带着肖某曦及肖某保父母离家出走；2014年年初，肖某保以夫妻感情破裂为由诉于法院要求与罗某离婚，后撤回起诉；现罗某以夫妻感情彻底破裂为由诉于法院要求与肖某保离婚。在案件审理过程中，肖某保的父亲肖某峰、母亲刘某芹出庭证明肖某保在共同生活中多次对罗某进行殴打。2014年4月5日11时，肖某保在罗某租住房屋的附近对罗某进行殴打，罗某之伤经医院诊断为“头外伤后神经反应、头皮裂伤”；此事经公安机关对肖某保批评教育后，罗某向公安机关提出撤案申请。法院经审理后认为：夫妻关系的维续以感情为基础；罗某与肖某保通过互联网相识登记结婚，肖某保在家庭生活中处理家庭关系时行为失当，导致亲人背离，夫妻感情失和，感情确已破裂，故罗某要求与肖某保离婚之诉讼请求，法院予以支持，判决准予原被告离婚。

第三，有赌博、吸毒等恶习屡教不改的。从保护夫妻一方合法利益的角度出发，如果夫妻一方有赌博、吸毒等恶习屡教不改的，对于另一方来说，不但容易引发家庭暴力，消耗家庭的经济积蓄，而且会导致正常的家庭生活无法继续。因此，对于恶习难改，一贯不履行家庭义务，夫妻感情难以重建，夫妻难以共同生活的，经调解无效，应准予离婚。

案例：1996年，白某在打工时与杨某相识、相恋，不久两人坠入爱河，杨某不顾家人的反对，于1997年5月与白某到白某户籍所在地的民政局登记结婚，婚后两人感情非常好，通过共同努力购买了一套楼房。1998年，双方生育一名男孩，一家人其乐融融。但好景不长，2012年年初，白某染上毒瘾，从此性格变得粗暴起来，遇到一点不顺心的事就打骂杨某，不出去赚钱养家糊口，还经常向杨某要钱购买毒品吸食。杨某也多次劝诫白某，但白某已陷入毒瘾深渊、难以自拔，对白某心灰意懒的杨某遂诉至法院请求与白某离婚。法院经审理后查明：白某于2012年年初开始吸毒，2012年3月在家中吸毒时被公安机关抓获并强制戒毒2年，2014年4月期满释放；2017年3月又因吸毒被公安机关缉毒大队抓获并送往戒毒所强制戒毒2年，白某的行为已符合《中华人民共和国婚姻法》第三十二条第三款有赌博、吸毒等恶习屡教不改的，调解无效，应准予离婚的情形。据此，依法作出判决判令杨某与白某离婚。判决宣判后，双方均表示服判。

第四，因感情不和分居满二年的。夫妻生活的一个重要部分就是共同生活，分居，是指夫妻间不再共同生活，不再互相履行夫妻义务，包括停止性生活，经济上不再合作，生活上不再互相关心、互相扶助等。当然我们需要对分居设定一个时间段，不能1个月分居或者2个月分居就认定为夫妻感情破裂。因此，法律明确规定，夫妻因感情不和分居满二年，一般来说可以构成夫妻感情破裂的事实证明。当然我们需要明确的是分居是由于夫妻感情不和，而不是因工作、学习等原因导致的两地分居，以及因住房问题造成的夫妻不能同室而居。另外，如果夫妻双方的感情确实已经破裂，即使双方没有分居二年，也应依法准予离婚。

案例：朱某与厉某于2009年3月相识，并于2009年6月11日登记结婚。2010年4月5日，双方生育女儿厉甲。2011年5月初朱某曾向法院起诉与厉某离婚，但随后撤诉。2012年10月25日朱某再次起诉至法院请求判决与厉某离婚，婚生女儿由朱某抚养。法院经审理认为：是否准予离婚应以夫妻感情是否确已破裂为标准。在本案的庭审中，朱某承认其与厉某分居不到两年，厉某对朱某依然有着较深的感情，坚持不同意与之离婚，双方的婚生女儿厉甲也需要一个完整的家庭呵护其健康茁壮成长，同时，朱某提交的证据并不足以证明双方感情已彻底破裂，故对于朱某要求离婚，女儿厉甲由朱某抚养，抚养费由法院判决并由厉某承担本案诉讼费用的诉讼请求法院不予支持。因此法院一审判决驳回朱某的诉讼请求。

第五，其他导致夫妻感情破裂的情形。这是一个兜底性规定，因为导致夫妻感情破裂的原因很复杂，法律不可能对所有的情形一一列明。

案例：原、被告于2004年8月经人介绍认识，双方在不了解对方、还没有真正建立感情的基础上，于2004年11月11日办理了结婚登记手续。婚后双方没有同居生活，也没有生育子女，没有共同财产及债务。原、被告双方婚后20天，被告即返回美国，未再来到过中国。这期间双方分居两地，没有任何感情交流，无法建立夫妻感情，婚姻关系名存实亡。据此，原告起诉至法院，请求判令离婚。法院经审理后认为：原、被告双方自相识到结婚登记仅3个月，双方尚未真正了解，以致没有感情基础，婚后不久双方就各居东、西半球，以致婚后无法建立起真正的夫妻感情。在夫妻关系存续期间，由于双方互无书信来往，互不履行夫妻间的权利义务。因此，原、被告双方的夫妻关系确已名存实亡，感情确不存在，等同于完全破裂。根据《中华人民共和国婚姻法》第三十二条第三款第（五）项的规定，“其他导致夫妻感情破裂的情形”调解无效的，应准予离婚。原告请求离婚符合法律规定，法院予以支持。综上，依照《中华人民共和国婚姻法》第三十二条规定，判决准予离婚。

《中华人民共和国民法典》新增了“经人民法院判决不准离婚后，双方又分居满一年，一方再次提起离婚诉讼的，应当准予离婚”的规则。在过去的审判实践中，如果一方坚决不同意离婚，法院在审查后认为不判决离婚不会造成对各方严重不利的后果，通常会判决驳回离婚的诉请，这实质上是司法实践中的“离婚冷静期”制度。但为了保护当事人的离婚自由，只要当事人在这一年内处于事实分居状态，那么可以认为当事人的离婚意愿十分坚定，法律对此予以尊重。此外，法律规定的认定为夫妻感情破裂的条件，并不是离婚的必要法定条件，即使没有上述情况发生，但是双方感情确实已经破裂的，人民法院也应判决准予离婚。

案例：本案例虽然不是依照新法判决，但确属同一法律精神。原、被告于1987年经人介绍相识，于1988年2月28日登记结婚，婚前双方感情尚可，婚后则常为家庭琐事发生争吵。1990年1月25日婚生一女祁某某，之后又抱养一男孩，于1999年8月16日出生，取名祁某泽。原告曾于2007年向法院起诉要求离婚，法院未判离婚。后原告再次以夫妻感情破裂为由，要求与被告离婚。一审法院作出离婚判决后，被告不服原审判决上诉称：双方感情较好，上诉人不同意离婚，请求二审予以改判。二审法院经审理认为：夫妻感情是否破裂是判断应否离婚的主要标准。本案中，孙某与祁某虽结婚后共同生活多年，但双方在共同生活期间未能建立起真挚的夫妻感情，因家务琐事经常发生争吵，祁某曾向法院起诉要求离婚，经判决不准离婚后，双方感情并未好转，现祁某再次起诉要求离婚，经该院对其做和好工作无望，说明双方夫妻感情确已破裂，应准予离婚。孙某不同意离婚的上诉请求法院不予支持。判决：驳回上诉，维持原判。

此外，对于离婚还有两条特殊规定，一是军婚保护。对军人婚姻实行特别保护是党和国家的一贯政策。1980年的《中华人民共和国婚姻法》规定，现役军人的配偶要求离婚，须得军人同意。这一规定在实践中遇到了一些问题，在2001年婚姻法修改的时候，有的部门和一些法律专家就提出，这一规定不符合婚姻自由原则。实践中，也出现了军人一方有家庭暴力等重大过错时，其配偶要求离婚，但是军人一方拒不同意，最终导致双方的夫妻关系急剧恶化，对双方尤其是非军人一方造成极大伤害的情形。全国人大常委会综合各方面的意见，在“现役军人的配偶要求离婚，须得军人同意”之后增加“但军人一方有重大过错的除外”的规定。二是孕妇保护。

由于女方在怀孕期间、分娩后以及中止妊娠后一段时间之内，无论是生理上还是心理上都比较脆弱，需要得到特殊的照顾和安慰，因此在这段时间内，如果男方提出离婚，对于女方的身心容易造成很大的伤害。基于以上考虑，法律明确规定，女方在怀孕期间、分娩后1年内或终止妊娠后6个月内，男方不得提出离婚。但是女方提出离婚则不受限制。

案例：被告张某某（男）是军人，于1994年和原告冯某（女）自由恋爱结婚。两人结婚时感情尚可，并生有一子小健。由于张某某平时住在部队，冯某则在市里的学校上课，非常忙碌，无法常去部队和他见面。张某某不受家庭的约束，平时比较自由自在。后来张某某认识了一些社会上的混混，观念产生了很大变化，开始频繁外出喝酒，常常和许多坐台小姐往来，甚至发生不正当的关系。2000年，冯某在偶然的情况下知道了张某某的行为，十分气愤，要求他向自己保证不再出去鬼混，否则就和他离婚。张某某嘴上同意，并向冯某信誓旦旦地做了保证，但暗地里还是依然故我，只是做得更加隐秘。2002年9月，冯某还是知道了张某某仍然背着自己时不时出去鬼混，一气之下向法院起诉要求和张某某离婚。法院受理该案以后，张某某在庭前调解时表现得十分诚恳，声称自己确实有错，并一定改，不同意离婚。冯某虽然坚持离婚，但法院考虑到张某某是军人，应当保护军婚，故而判决他们不准离婚。经过这次官司，张某某得知法院不会轻易判决自己和冯某离婚，因而不但没有悔改，反而变本加厉出去胡闹。在一偶然场合，张某某认识了亦某，双方相谈甚欢，大有相见恨晚的感觉。不久，亦某就成为张某某的情人。冯某逼张某某与亦某断绝关系，但张某某依然我行我素，他的想法是既不想离婚，还想要情人。冯某忍无可忍，向律师求助，在得知自己可以向法院请求与张某某离婚之后，立即于2004年3月20日向法院提起诉讼。原告冯某诉称，张某某包养情人的行为严重损害了夫妻间的感情，故要求与张某某离婚，儿子小健由自己抚养，张某某每月给付500元抚养费，并且赔偿自己精神损失费10000元。法院经审理认为，原、被告系自主结婚，但婚后双方缺乏相互沟通，感情逐渐冷淡。被告不顾及家庭，经常不检点自己的行为。在原告要求离婚时，法院考虑到被告的军人身份，且其认错诚恳，因此没有判决原、被告离婚。但判决书生效后，被告变本加厉，将保证置之脑后，甚至公然将情人带回家。这种行为不仅为社会道德所不允许，更为部队纪律所禁止，可以说被告有重大过错，因此对于原告的离婚请求，本院予以照准。经询问原、被告的婚生子小健，其愿意跟随原告生活，应当尊重其意见，并由被告支付抚养费。被告长期以来的不检点行为确实造成原告精神上的痛苦，应当适当给予原告精神赔偿。判决如下：（1）准许原告冯某与被告张某某离婚。（2）婚生子小健由原告抚养，被告于判决生效之日起每月支付抚养费500元，至小健独立生活之日止。（3）被告于判决生效十日内支付原告精神损失费5000元。

法条

《中华人民共和国民法典》

第一千零七十九条 夫妻一方要求离婚的，可以由有关组织进行调解或者直接向人民法院提起离婚诉讼。

人民法院审理离婚案件，应当进行调解；如果感情确已破裂，调解无效的，应当准予离婚。

有下列情形之一，调解无效的，应当准予离婚：

（一）重婚或者与他人同居；

（二）实施家庭暴力或者虐待、遗弃家庭成员；

（三）有赌博、吸毒等恶习屡教不改；

（四）因感情不和分居满二年；

（五）其他导致夫妻感情破裂的情形。

一方被宣告失踪，另一方提起离婚诉讼的，应当准予离婚。

经人民法院判决不准离婚后，双方又分居满一年，一方再次提起离婚诉讼的，应当准予离婚。

第一千零八十条 完成离婚登记，或者离婚判决书、调解书生效，即解除婚姻关系。

第一千零八十一条 现役军人的配偶要求离婚，应当征得军人同意，但是军人一方有重大过错的除外。

第一千零八十二条 女方在怀孕期间、分娩后一年内或者终止妊娠后六个月内，男方不得提出离婚；但是，女方提出离婚或者人民法院认为确有必要受理男方离婚请求的除外。

共同财产的认定与分割

离婚时，夫妻共同财产的分割主要有两种方式：一种是夫妻双方协议分割，另一种是通过人民法院判决解决。离婚时需要分割的是夫妻关系存续期间产生的共同财产，非共同财产在离婚时不涉及分割的问题。换句话说，离婚时财产分割问题首先要解决的是哪些财产属于共同财产从而应当纳入需要分割的范围。

共同财产的认定

《中华人民共和国民法典》第一千零六十五条第一款、第二款规定："男女双方可以约定婚姻关系存续期间所得的财产以及婚前财产归各自所有、共同所有或部分各自所有、部分共同所有。约定应当采用书面形式。没有约定或约定不明确的，适用本法第一千零六十二条、第一千零六十三条的规定。夫妻对婚姻关系存续期间所得的财产以及婚前财产的约定，对双方具有法律约束力。"第一千零六十二条规定："夫妻在婚姻关系存续期间所得的下列财产，为夫妻的共同财产，归夫妻共同所有：（一）工资、奖金、劳务报酬；（二）生产、经营、投资的收益；（三）知识产权的收益；（四）继承或者受赠的财产，但是本法第一千零六十三条第三项规定的除外；（五）其他应当归共同所有的财产。夫妻对共同财产，有平等的处理权。"第一千零六十三条规定："下列财产为夫妻一方的个人财产：（一）一方的婚前财产；（二）一方因受到人身损害获得的赔偿或者补偿；（三）遗嘱或者赠与合同中确定只归一方的财产；（四）一方专用的生活用品；（五）其他应当归一方的财产。"也就是说，除非有书面的不同约定，否则，婚姻关系存续期间所得的财产为共同财产，婚前财产归各自所有。

案例：李先生和杨女士结婚多年，两人育有一个女儿。平时家里的资金主要是李先生在管理。2015年年底，李先生想投资理财，便认购了一款价值110万元的基金产品。后来因为家庭矛盾，李先生和杨女士感情破裂难以维系，最终双方选择离婚。2017年10月，法院判决二人离婚。但由于当时李先生认购的基金还未到期，杨女士要求等这笔基金到期后再主张分割。2017年年底，李先生账户里这笔110万元的基金到期，他领走了这笔钱的本金和利息，一共112万余元。这时，杨女士提出要分割这笔钱款，李先生不同意。2018年6月，杨女士告到法院，要求依法分割李先生认购的基金本息。杨女士说："平时我主要负责家里的开销，钱是由李先生保管。虽然这笔基金是他去买的，但也属于夫妻共同财产。离婚诉讼时基金还没到期，所以法院才没有作出处理。现在基金到期了，理应依法分割这笔钱款。"李先生反驳说："买基金的钱大部分是父母、弟弟和女儿的，不是夫妻共同财产。弟弟患有精神疾病，父母去世时留了40万元给我保管，要我照顾弟弟今后生活。由于我是弟弟的监护人，他的工资、补助等也是我代收的。此外女儿工作多年的工资和她房子的租金也是交给我保管。我是拿了这些钱去买的基金。"一审法院认为，该基金是双方婚姻关系存续期间取得，李先生提供的证据并不能证明该基金并非夫妻共同财产，遂判决双方平分基金本息，李先生给付杨女士56万余元。李先生不服，提出上诉。二审法院经审理认为，首先，本案中根据双方离婚诉讼的生效判决，110万元的资金是在李先生的银行账户内，又产生于李先生与杨女士夫妻关系存续期间，一审法院认定该笔资金是夫妻共同财产予以分割，并无不当。其次，虽然李先生在二审期间又补充了相关材料，欲证明大部分账户资金来源于案外人，但不论是他与案外人之间的转账记录及金额还是他从案外人处收取现金的说明及其他单方证明，都无法与李先生购买基金的这笔款项的全部来源建立直接的联系，李先生并未提供充分、有效的证据佐证其主张，无法证明这笔资金来源于并归属于案外人。最后，即使李先生所述属实，账户中的各个资金来源也已经混同，应该由实际债权人基于债权性质向债务人主张权利。二审法院遂驳回上诉，维持原判。

在婚姻关系存续期间，夫妻双方对共同财产不分份额地共同享有所有权，夫或妻非因日常生活需要处分夫妻共同财产时，应当协商一致，任何一方无权单独处分夫妻共同财产；如果夫妻一方超出日常生活需要擅自将共同财产赠与他人，这种赠与行为应认定为无效；夫妻中的另一方以侵犯共有财产权为由请求返还的，人民法院应予支持。即对于夫妻双方的共同财产，除普通家人间往来支出外，对外赠与原则上要经双方一致同意。比如，丈夫在妻子不知情的情况下，赠与第三者汽车和房产，妻子有权起诉要求撤销赠与。

案例：郭某某与王某某于2007年4月23日登记结婚。2017年9月起，王某某与邱某某开始有婚外恋情，2019年4月双方产生纠纷分手。在与邱某某交往期间，王某某在未告知郭某某的情况下，先后通过银行转账及微信转账的方式，向邱某某给付资金234524.35元，还为其出资10万元购买车辆。郭某某发现后，将丈夫和第三者告上法庭，要求第三者返还所有款项。法院经审理认为，本案中，被告王某某与原告郭某某系夫妻关系，而被告王某某赠与被告邱某某钱款的行为，发生在其与原告婚姻关系存续期间，夫妻共同财产应作为一个不可分割的整体，夫妻双方对全部共同财产不分份额地共同享有所有权。然而被告王某某擅自将大额夫妻共同财产赠与被告邱某某，既非因日常生活需要，也未经得财产共有人即原告郭某某的同意，系基于被告王某某在婚外与被告邱某某之间的不正当关系，不仅违背公序良俗，而且严重侵害了原告的合法权益，属于无权处分，该赠与行为无效。原告诉请确认被告王某某赠与被告邱某某财产的行为无效，向被告邱某某主张返还夫妻共同财产，于法有据。故判决支持原告诉请。

房产的分割

离婚诉讼中财产分割的重点往往是房产，又由于与婚前还是婚后购买、登记在一方还是双方名下、父母有无出资、是全部出资还是部分出资等不同要素交织在一起，导致情况十分复杂，下面对各种情况做一简要梳理。

一、婚前买房

一方婚前以个人财产买房，结婚前已取得房屋产权证并还清全部贷款的，属于夫妻一方的个人财产。

一方婚前以个人财产买房，结婚前已还清全部贷款，但结婚后方取得房产证并登记在自己名下的，仍应认定为夫妻一方的个人财产，另一方无权要求分割。

一方婚前以个人财产买房，支付了首付款并向银行贷款，婚后用夫妻共同财产还贷，房屋登记于首付款支付方名下的，离婚时该不动产由双方协议处理。不能达成协议的，人民法院可以判决该不动产归产权登记一方，尚未归还的贷款为产权登记一方的个人债务。双方婚后共同还贷支付的款项及其相对应财产增值部分离婚时应根据《中华人民共和国民法典》第一千零八十七条第一款规定的原则，由产权登记一方对另一方进行补偿。

一方婚前以个人婚前财产买房，支付了全部房款，原登记在一方名下，后变更登记在双方名下的（即加名），应认定为夫妻共同财产，其实质为一方对另一方的赠与。

婚前双方共同出资购房，付清全部房款，房屋登记在一方名下，如能证明出资情况，则双方对房屋按份共有；如不能证明出资情况，且一方否认另一方购房时有出资，则只能认定为一方的个人财产。

婚前双方共同出资购房，付清全部房款，房屋登记在双方名下，根据登记情况认定系按份共有或共同共有。

婚前双方共同出资购房，婚后共同还贷，房屋登记在一方名下，婚后共同还贷部分及其所对应的房屋增值部分应认定为夫妻共同财产，其余则按出资情况按份共有；婚前双方共同出资购房，婚后共同还贷，房屋登记在双方名下，应认定为夫妻共同财产。

二、婚后买房

婚后夫妻双方用共同财产买房，房屋登记在双方名下，此为典型的夫妻共同财产。

婚后夫妻双方用共同财产买房，房屋登记在一方名下，仍属于夫妻共同财产。

婚后夫妻一方以个人婚前财产买房，支付了全部房款，并登记在一方名下的，如并非投资经营行为，属于一方婚前财产的转化，应认定为一方个人财产。

婚后夫妻一方以个人婚前财产买房，支付了全部房款，但登记在双方名下的，应认定为夫妻共同财产，其实质为一方对另一方的赠与。

三、父母为子女出资买房

2020年12月29日，《最高人民法院关于适用〈中华人民共和国民法典〉婚姻家庭编的解释（一）》发布，于2021年1月1日起实施。其中，关于子女登记结婚前，父母出资购房，视为对自己子女单方的赠与这一点的规定和之前《中华人民共和国婚姻法》的相关司法解释是一致的。但是，对于子女登记结婚后，父母出资如何认定则修改为有约定的依照约定处理，没有约定或者约定不明确的，推定为对夫妻双方的赠与。这一点与原来《最高人民法院关于适用〈中华人民共和国婚姻法〉若干问题的解释（二）》规定的“该出资应当认定为对夫妻双方的赠与，但父母明确表示赠与一方的除外”以及《最高人民法院关于适用〈中华人民共和国婚姻法〉若干问题的解释（三）》规定的产权登记在出资人子女名下，视为只对自己子女一方的赠与有着明显的差别。也就是说，该司法解释实施后，子女婚后买房，父母出资的，没有约定或约定不明确的，无论是全额出资还是部分出资以及无论是登记在一方名下还是双方名下，都优先推定为夫妻共同财产，归夫妻共同共有。

案例：2014年，邓某与许某通过网上交友平台相互认识并谈婚论嫁，许某父母为了让儿子能顺利完婚，承诺为双方购置一套房产，但是只帮忙付首付，按揭贷款由邓某和许某双方自己偿还，同时房产证只登记在许某名下。2014年12月17日，双方在民政局办理了婚姻登记，2015年生育一子，因婚前缺乏全面了解，婚后未建立起真正的夫妻关系，双方经常发生争吵，邓某要求与许某离婚，并要求分割许某父母出首付购买的房产。法院经审理后认为，父母出资购买房屋，房产证登记在出资者自己子女名下的，从社会常理出发，可认定为明确向自己子女一方的赠与，该部分出资应认定为个人所有，本案属于婚前父母未全额出资，但只登记了一方的名字，应就夫妻双方婚后共同还贷部分进行分割，但房产仍属于登记人所有。本案中的情形由于婚后未出资一方亦履行了还贷义务，故而婚后还贷部分属于夫妻共同财产，但是婚前属于父母对子女的赠与行为，是婚前的个人财产，该房屋产权属于出资方所有。

四、夫妻房产赠与

婚前或者婚姻关系存续期间，当事人约定将一方所有的房产赠与另一方或者共有，赠与方在赠与房产变更登记之前撤销赠与，另一方请求判令继续履行的，人民法院可以按照《中华人民共和国民法典》第六百五十八条的规定处理。

双方在离婚协议中约定将共同所有的房屋赠与子女，离婚后，即便亦未办理公证或房产过户手续，一方亦不得请求撤销赠与。

双方在离婚诉讼中达成协议将共同所有的房屋赠与子女，经人民法院审查确认后出具调解书，离婚后即便未办理房产过户手续，一方亦不得请求撤销赠与。

五、登记在第三方名下

在现实生活中，夫妻双方共同出资购买房屋后，可能基于各种因素考虑将房屋登记在子女、父母或其他第三人名下。在离婚财产分割时，如主张房屋为共有或一方所有，属于产权争议，主张者应承担相应的举证责任。无法提供证据证明的，需承担不利后果。

需格外注意的是将房屋产权登记在未成年子女名下的特殊情况，此时并不意味着未成年子女是该房屋的真正权利人，应当审查夫妻双方在购买房屋时的真实意思表示。如确为将该房屋赠与未成年子女，则认定为未成年子女的财产，由直接抚养一方暂时管理；如并不是将房屋赠与未成年子女，则应将该房屋作为夫妻共同财产进行分割比较适宜。

如果房产证上除有夫妻双方外还同时有第三人的名字，实践中，法院一般采取如下措施：一是对该房屋的分割不予审理，由当事人另案起诉；二是根据当事人的申请，将案件中止审理，告诉当事人另行提起析产之诉，后根据析产的判决结果，对夫妻共有部分的房屋进行分割。

案例：万某某与吴某某于2009年5月20日办理结婚登记，婚后于2009年11月生育一子万某峰。2019年8月6日，因感情不和，万某某和吴某某到婚姻登记机关协议离婚。在离婚协议中，双方约定，万某峰由吴某某直接抚养，双方将共同所有的一套房产赠与儿子万某峰。离婚后，万某某提起诉讼，称房产还未转移至万某峰名下，要求撤销对万某峰的赠与。法院经审理后认为：该赠与不可以撤销。离婚协议中夫妻双方将共同财产赠与子女，与解除婚姻关系、子女抚养、共同财产分割、共同债务清偿、离婚损害赔偿等内容，互为前提、互为结果，是一个整体。如果允许一方反悔，那么原来的这个整体将被打破，甚至会助长部分当事人通过此方式达到离婚的目的，故一方当事人不得行使任意撤销权。综上所述，父母离婚时，将财产赠与未成年子女视为具有道德义务、合情合理，也符合法律精神。本案中，万某某在离婚时将房产赠与万某峰，离婚后意欲撤销赠与，不应被支持。

法条

《中华人民共和国民法典》

第一千零六十二条 夫妻在婚姻关系存续期间所得的下列财产，为夫妻的共同财产，归夫妻共同所有：

（一）工资、奖金、劳务报酬；

（二）生产、经营、投资的收益；

（三）知识产权的收益；

（四）继承或者受赠的财产，但是本法第一千零六十三条第三项规定的除外；

（五）其他应当归共同所有的财产。

夫妻对共同财产，有平等的处理权。

第一千零六十三条 下列财产为夫妻一方的个人财产：

（一）一方的婚前财产；

（二）一方因受到人身损害获得的赔偿或者补偿；

（三）遗嘱或者赠与合同中确定只归一方的财产；

（四）一方专用的生活用品；

（五）其他应当归一方的财产。

第一千零六十五条 男女双方可以约定婚姻关系存续期间所得的财产以及婚前财产归各自所有、共同所有或者部分各自所有、部分共同所有。约定应当采用书面形式。没有约定或者约定不明确的，适用本法第一千零六十二条、第一千零六十三条的规定。

夫妻对婚姻关系存续期间所得的财产以及婚前财产的约定，对双方具有法律约束力。

夫妻对婚姻关系存续期间所得的财产约定归各自所有，夫或者妻一方对外所负的债务，相对人知道该约定的，以夫或者妻一方的个人财产清偿。

第一千零六十六条 婚姻关系存续期间，有下列情形之一的，夫妻一方可以向人民法院请求分割共同财产：

（一）一方有隐藏、转移、变卖、毁损、挥霍夫妻共同财产或者伪造夫妻共同债务等严重损害夫妻共同财产利益的行为；

（二）一方负有法定扶养义务的人患重大疾病需要医治，另一方不同意支付相关医疗费用。

第一千零八十七条 离婚时，夫妻的共同财产由双方协议处理；协议不成的，由人民法院根据财产的具体情况，按照照顾子女、女方和无过错方权益的原则判决。

对夫或者妻在家庭土地承包经营中享有的权益等，应当依法予以保护。

第一千零八十八条 夫妻一方因抚育子女、照料老年人、协助另一方工作等负担较多义务的，离婚时有权向另一方请求补偿，另一方应当给予补偿。具体办法由双方协议；协议不成的，由人民法院判决。

第一千零九十二条 夫妻一方隐藏、转移、变卖、毁损、挥霍夫妻共同财产，或者伪造夫妻共同债务企图侵占另一方财产的，在离婚分割夫妻共同财产时，对该方可以少分或者不分。离婚后，另一方发现有上述行为的，可以向人民法院提起诉讼，请求再次分割夫妻共同财产。

《最高人民法院关于适用〈中华人民共和国民法典〉婚姻家庭编的解释（一）》

第二十七条 由一方婚前承租、婚后用共同财产购买的房屋，登记在一方名下的，应当认定为夫妻共同财产。

第二十八条 一方未经另一方同意出售夫妻共同所有的房屋，第三人善意购买、支付合理对价并已办理不动产登记，另一方主张追回该房屋的，人民法院不予支持。

夫妻一方擅自处分共同所有的房屋造成另一方损失，离婚时另一方请求赔偿损失的，人民法院应予支持。

第二十九条 当事人结婚前，父母为双方购置房屋出资的，该出资应当认定为对自己子女个人的赠与，但父母明确表示赠与双方的除外。

当事人结婚后，父母为双方购置房屋出资的，依照约定处理；没有约定或者约定不明确的，按照民法典第一千零六十二条第一款第四项规定的原则处理。

第三十一条 民法典第一千零六十三条规定为夫妻一方的个人财产，不因婚姻关系的延续而转化为夫妻共同财产。但当事人另有约定的除外。

第三十二条 婚前或者婚姻关系存续期间，当事人约定将一方所有的房产赠与另一方或者共有，赠与方在赠与房产变更登记之前撤销赠与，另一方请求判令继续履行的，人民法院可以按照民法典第六百五十八条的规定处理。

第三十三条 债权人就一方婚前所负个人债务向债务人的配偶主张权利的，人民法院不予支持。但债权人能够证明所负债务用于婚后家庭共同生活的除外。

第三十四条 夫妻一方与第三人串通，虚构债务，第三人主张该债务为夫妻共同债务的，人民法院不予支持。

夫妻一方在从事赌博、吸毒等违法犯罪活动中所负债务，第三人主张该债务为夫妻共同债务的，人民法院不予支持。

第七十六条 双方对夫妻共同财产中的房屋价值及归属无法达成协议时，人民法院按以下情形分别处理：

（一）双方均主张房屋所有权并且同意竞价取得的，应当准许；

（二）一方主张房屋所有权的，由评估机构按市场价格对房屋作出评估，取得房屋所有权的一方应当给予另一方相应的补偿；

（三）双方均不主张房屋所有权的，根据当事人的申请拍卖、变卖房屋，就所得价款进行分割。

第七十七条 离婚时双方对尚未取得所有权或者尚未取得完全所有权的房屋有争议且协商不成的，人民法院不宜判决房屋所有权的归属，应当根据实际情况判决由当事人使用。

当事人就前款规定的房屋取得完全所有权后，有争议的，可以另行向人民法院提起诉讼。

第七十八条 夫妻一方婚前签订不动产买卖合同，以个人财产支付首付款并在银行贷款，婚后用夫妻共同财产还贷，不动产登记于首付款支付方名下的，离婚时该不动产由双方协议处理。

依前款规定不能达成协议的，人民法院可以判决该不动产归登记一方，尚未归还的贷款为不动产登记一方的个人债务。双方婚后共同还贷支付的款项及其相对应财产增值部分，离婚时应根据民法典第一千零八十七条第一款规定的原则，由不动产登记一方对另一方进行补偿。

第七十九条 婚姻关系存续期间，双方用夫妻共同财产出资购买以一方父母名义参加房改的房屋，登记在一方父母名下，离婚时另一方主张按照夫妻共同财产对该房屋进行分割的，人民法院不予支持。购买该房屋时的出资，可以作为债权处理。

共同债务的清偿

夫妻共同生活所负的债务，是指夫妻一方或双方在婚姻关系存续期间，为维持婚姻家庭共同生活或者为共同生产、经营活动所负的债务。无论是约定共同财产制或法定共同财产制，原则上为夫妻共同生活所欠的债务，无论是否为夫妻共同所为，他方是否认可，均应推定为夫妻共同债务。对于非共同生活所负债务，凡经双方事先认可，也应由双方共同清偿。凡为个人需要而支付的费用或负担债务，应由本人以其个人财产清偿，他方无代偿义务。

判断是否为夫妻共同债务，应把握以下两个基本特征：一是须产生于双方婚姻关系存续期间，即自双方结婚之日起至离婚时止。但婚前为结婚后共同生活购置物品所负的债务，应当为夫妻共同债务。二是须用于夫妻共同生活或共同生产、经营活动，包括为履行抚养、赡养义务等。符合上述两个条件，不论是以夫妻一方还是双方的名义所负的债务，都属于夫妻共同债务。反之，如果债务不是发生在婚姻关系存续期间，或者虽然发生在婚姻关系存续期间，但不是用于共同生活或共同生产经营的，都不属于共同债务，而是夫妻一方的个人债务。

根据实际生活中常见的情形，夫妻为共同生活所负的债务包括：因购置家庭生活用品、支付家庭生活开支所负的债务；修建、购买、装修房屋所负的债务；为履行抚养教育子女、赡养扶助父母等义务所负的债务；夫妻一方或双方为治疗疾病所负的债务；从事双方同意的文化教育、文娱体育活动所负的债务；其他在日常家庭生活中发生的债务；为共同生产、经营所负的债务，包括双方共同从事个体工商业、农村承包经营所负的债务；双方共同从事投资或者其他金融证券交易活动所负的债务；经双方同意由一方经营且收入用于共同生活所负的债务；夫妻一方用夫妻共同财产投资，以个人名义从事生产、经营活动，或虽由一方独自筹资但收益用于共同生活所负的债务等。

在司法实践中对共同债务的清偿主要有以下几种情况。

一是离婚时夫妻双方有共同财产的，对于已届清偿期的共同债务应直接用共同财产偿还。共同财产清偿债务后剩下的部分，由双方分割。在此情形下，夫妻共同债务因清偿而消灭。

二是夫妻双方共同财产不足清偿，或者财产归各自所有，或离婚时尚未到期的共同债务，一方或双方不愿意提前清偿，则由夫妻双方协议确定各自所应承担共同债务的份额。在此情形下，双方的债务清偿协议除经债权人同意并免除其连带责任外，仅具有对内的效力。离婚后，债权人仍有就夫妻共同债务向夫妻双方主张的权利。

三是双方无法达成协议时，由人民法院判决。法院应当根据双方的经济状况、经济能力及照顾女方和直接抚养子女一方的原则，判决双方按一定比例承担债务或者让具有较强经济能力的一方单独承担债务。在此情形下，法院判决确定的是双方各自分担的债务的份额，也仅具有对内效力，并不能因此而认为法院的判决具有将连带债务变更为按份债务的确定力。人民法院的判决书、裁定书、调解书已经对夫妻财产分割问题作出处理的，债权人仍有权就夫妻共同债务向夫妻双方主张权利。

四是一方就共同债务承担连带清偿责任后，有权基于离婚协议或者人民法院的法律文书向另一方主张追偿。离婚后，一方因清偿超过自己分担部分的给付额，致另一方免除对债权人的清偿责任的，有权请求另一方偿还其应负担的部分。此即连带债务人的求偿权。

案例：张某斌与刘某琴于2004年8月5日离婚，同年8月18日，双方就夫妻关系存续期间的共有债权债务进行确认，共对外结欠50700元。2004年8月至11月，张某斌先行清偿原夫妻共有债务47932.1元，并支付了因提起诉讼而花去的相关费用610元，合计48542.1元。张某斌请求刘某琴偿还24271元。而刘某琴辩称，2004年8月18日，二人仅协商了子女今后的抚养、教育事项，并没有涉及共同债权债务确认的问题，自己在夫妻共有债权债务的确认书上签名，是受张某斌欺骗所为，该确认书没有法律效力。2004年12月13日，法院经审理后认为，原有夫妻共有债务应共同清偿。张某斌和刘某琴已就夫妻关系存续期间的共有债权债务进行确认，其内容真实有效。张某斌先行履行的共同债务48542.1元，原告与被告有约定均分，故对张某斌超额履行部分其有权向刘某琴追偿。判决刘某琴向张某斌支付其先垫付的债务24271元。判决后，双方当事人均未上诉，判决发生法律效力。

法条

《中华人民共和国民法典》

第一千零六十四条 夫妻双方共同签名或者夫妻一方事后追认等共同意思表示所负的债务，以及夫妻一方在婚姻关系存续期间以个人名义为家庭日常生活需要所负的债务，属于夫妻共同债务。

夫妻一方在婚姻关系存续期间以个人名义超出家庭日常生活需要所负的债务，不属于夫妻共同债务；但是，债权人能够证明该债务用于夫妻共同生活、共同生产经营或者基于夫妻双方共同意思表示的除外。

抚养权和探望权

婚姻关系的解除，产生的直接法律后果是夫妻双方基于婚姻而存在的法律上的人身关系和财产关系归于消灭。而父母与子女之间的血亲关系并不因婚姻关系的解除而消灭，这种血亲关系是一种事实存在，法律也无法无视其存在。父母子女关系是基于出生事实而形成的自然血亲关系，不能人为解除。因此，《中华人民共和国民法典》第一千零八十四条第一款规定，父母与子女间的关系，不因父母离婚而消除。离婚后，子女无论由父或母直接抚养，仍是父母双方的子女。离婚后父母不再共同生活，必然会导致子女由父还是由母抚养的问题，子女抚养将由父母双方共同抚养变成由父或母一方直接抚养。1980年的婚姻法对子女抚养问题作了原则性规定，最高人民法院对审理离婚案件的子女抚养问题也作了司法解释。但现实中，离婚时“争养”或“推养”子女抚养的纠纷比较多。有的父或母把子女作为“命根子”，非要抚养子女不可，并以此作为离婚的前提条件；有的则把抚养子女作为包袱或再婚的障碍，都不愿抚养，由此而闹得你死我活，甚至出现有的当事人把子女丢在法院里或留在双方的组织暂时代养等情况。为此，司法实践中对子女抚养权判定以有利于子女身心健康、保障子女的合法权益为基本原则，同时，结合父母双方的抚养能力和抚养条件等具体情况妥善解决。《中华人民共和国民法典》吸收了相关司法解释，在第一千零八十四条第三款中直接规定：“离婚后，不满两周岁的子女，以由母亲直接抚养为原则。已满两周岁的子女，父母双方对抚养问题协议不成的，由人民法院根据双方的具体情况，按照最有利于未成年子女的原则判决。子女已满八周岁的，应当尊重其真实意愿。”

有利于未成年子女的原则，在实践中主要有以下考量。

一是家庭暴力。

案例：2012年陆某以苏某多次实施家庭暴力、多次殴打自己及儿子为由，起诉至法院要求离婚，儿子归陆某抚养。法院查明苏某多次酗酒打骂陆某，有时伤及儿子。苏某认为对陆某仍有感情，且年过四十，只有一个儿子，不同意由陆某抚养。法院征求了12岁儿子的意见，孩子很纠结，但是最终表态要和父亲共同生活。一审法院判决儿子归苏某抚养，财产上对陆某有一定倾斜，二审法院则改判儿子归陆某抚养，苏某按月支付抚养费。法院认为，在涉及家庭暴力的离婚案件中，人民法院在判决确定子女直接抚养权归属时，应当将有利于未成年子女的健康成长即子女利益最大化作为原则。

二是尽量不改变生活环境。

案例：2007年11月，费某某、刘某某经人介绍建立婚约关系，同年举行结婚典礼仪式并同居生活。2008年3月25日二人到民政局补办结婚登记手续，同年婚生一女刘甲，双方婚后感情一般。一年后，因分家双方发生矛盾，费某某于次日回娘家居住，刘某某及家人没有去看过费某某，刘甲一直随父亲生活。法院生效判决认为：对于孩子抚养问题，应以有利于孩子身心健康、保障孩子健康成长为原则，两周岁以下子女一般随母亲生活，但母亲一方有抚养条件不尽抚养义务，父方要求子女随其生活的，可随父亲生活。本案中费某某因家务琐事发生矛盾后，将不足三个月的女儿留在家中，自己回娘家居住生活，不论费某某离家出走的原因为何，其行为直接导致尚在哺乳期的女儿不能正常接受母乳喂养，显然未对女儿尽到母亲应负的抚养义务，考虑到女儿仍随刘某某生活，改变生活环境可能对孩子健康成长不利，故刘某某要求婚生女由其抚养的理由成立，法院予以支持，判决女儿由父亲抚养。

三是家庭责任心。

案例：曾某与徐某某于2000年经他人介绍认识，2001年11月21日登记结婚，婚后感情尚好。2004年8月14日二人生育女儿徐甲。从2004年开始，由于双方性格不合，志趣不同，沟通不畅，夫妻感情不和，遂诉讼离婚。曾某的月平均工资收入为1989元，徐某某的月平均工资收入为7457元。一审法院认为曾某、徐某某虽然在结婚初期感情较好，但由于双方后来不注意感情的培养，缺乏沟通，导致夫妻感情破裂，曾某据此起诉离婚，应予以支持。由于徐某某的收入较高，且工作稳定，结合徐某某不需要曾某支付抚养费的情况，女儿徐甲随徐某某生活更有利于其健康成长，遂判决女儿由父亲徐某某抚养。曾某不服，提出上诉。二审法院经审理后认为：在处理子女抚养问题时，应当优先考虑子女的利益，从有利于子女的教育和健康成长角度进行判决。双方的女儿虽然刚满两周岁，已过哺乳期，但她尚属年幼，此时更加需要母亲的养育照顾。上诉人曾某有固定的工作和收入，其工资收入虽然比被上诉人的少，但在生活的所在市已属中等水平。虽然徐某某的月工资有7000多元，而且他提出由其独自抚养女儿，不需要曾某支付抚养费。但是，收入高仅是作为考虑子女抚养问题的其中一个条件，不是决定性条件；不需要另一方支付抚养费也不是法定的优先条件。徐某某因赌博欠下巨额赌债，在他人追债时不告诉家人就离家出走，据此可认定其家庭观念及责任感较为薄弱。此外，徐某某接到原审判决书后，在还不能明确对方是否上诉的情况下，没有经过与曾某协商，就抢先把女儿抱走并送回老家交给其父母照顾，由此可见其抚养小孩的时间和精力有限。他的行为使女儿脱离了上诉人的抚养和监护，同时使上诉人受到母女分离之苦，其做法是错误的。相反，上诉人曾某的家庭责任心较强，有固定的工作和收入，没有司法解释所规定的不适合抚养小孩的情形，因此，由上诉人抚养女儿对其的健康成长更加有利。而且，双方当事人都在本市工作，如女儿由上诉人抚养，被上诉人探望女儿也较为方便。综合以上条件和因素，女儿徐甲应由上诉人曾某抚养为宜。遂改判女儿由母亲曾某抚养。

离婚后的夫妻双方都有负担子女生活费和教育费的经济责任。这是法律规定父母对未成年子女的抚养和抚育费负担的强制性的、无条件的、双方平等的义务，当事人都应当自觉遵照执行。就负担费用的多少和期限的长短，应根据子女的实际需要、父母双方的负担能力和当地的实际生活水平确定。《中华人民共和国民法典》第一千零八十五条规定："离婚后，子女由一方直接抚养的，另一方应当负担部分或者全部抚养费。负担费用的多少和期限的长短，由双方协议；协议不成的，由人民法院判决。前款规定的协议或者判决，不妨碍子女在必要时向父母任何一方提出超过协议或者判决原定数额的合理要求。"有关抚养费的数额和支付可参见《最高人民法院关于适用〈中华人民共和国民法典〉婚姻家庭编的解释（一）》第四十九条至第五十五条的规定。

需要注意的是，抚养费包括子女生活费、教育费、医疗费等费用，因此，抚养费是一项综合性的费用。但在司法实践中，部分当事人将抚养费、生活费、医疗费和教育费等概念混淆，在要求被告方支付抚养费的同时，还往往要求对方另外支付医疗费、教育费等其他费用。针对此类案件，法院一般会在考虑父母双方经济能力、子女实际需要以及当地生活水平的基础上，确定一个抚养费的数额，而驳回原告的其他诉讼请求。

案例：2008年，马某与刘某离婚，二人约定，女儿琳琳（化名）由马某抚养，刘某每月支付抚养费300元。后来，琳琳考上了初中，花费不断增加，而且琳琳体质较弱，吃药看病也是一笔不小的开支。于是，马某以琳琳的名义将刘某起诉到法院，要求刘某每月支付抚养费800元，并且教育费和医疗费由二人均摊。法院经审理，判决刘某每月支付抚养费500元，并驳回了原告的其他诉讼请求。

抚养费的给付期限，一般至子女18周岁为止。16周岁以上不满18周岁，以其劳动收入为主要生活来源，并能维持当地一般生活水平的，父母可停止给付抚养费。一般来说，父母承担抚养义务的对象是未成年或不能独立生活的子女，指尚在校接受高中及以下学历教育，或者丧失或未完全丧失劳动能力等非因主观原因而无法维持正常生活的成年子女。由于对抚养费的支付对象不明确，部分年满18周岁的成年子女，虽已不符合继续主张抚养费的条件，但仍起诉父母要求支付诸如大学学费或生活费等费用，此种情况下，对被告有能力并愿意继续支付的，法院会尊重当事人的意愿；对双方争议较大的，法院一般会从亲情维系、子女成长成才的角度，加强对双方的调解，尽力达成双方都能接受的调解协议。

案例：小赵今年19岁，父母很早就已离婚，他一直跟随母亲生活。后来，小赵考上了北京的一所艺术院校，每年学费高达一万多元。由于母亲没有固定工作，无力支付高昂学费，于是，小赵将父亲起诉到法院，要求父亲支付其大学学费，并每月另外支付生活费1000元。经过法院调解，父亲同意每月给小赵生活费400元，学费则由小赵自己通过国家助学贷款解决。

抚养费要用于子女的日常生活、医疗、教育等方面的开支，以保障未成年人的健康成长。但不能错误地认为，子女日常的所有开支，被告一方都有支付的义务，包括超过子女基本生活需求的明显不合理的开支，如私立学校的高价学费等费用，对于此类超过子女基本生活和教育需求的高昂附加费用，法院会在审查其合理性和必要性的基础上，综合考虑被告的支付能力和意愿之后进行处理。

案例：郑某和孙某离婚后，儿子小郑一直跟随母亲生活，郑某每月支付抚养费400元。望子成龙的孙某为了让儿子接受更好的教育，花大价钱把儿子送进了私立双语学校，并且给儿子报了好几个特长班，业余时间还要学钢琴、跆拳道等，每个月仅各种学费就有4000多元。孙某自己是工薪阶层，无法负担这么高的费用，于是将郑某起诉到法院，要求郑某每月支付抚养费3000元。经过法院调解，最终，郑某同意每月支付子女抚养费600元。

父母离异后，夫妻双方一般不再共同生活，除例外情况下子女由父母双方轮流抚养外，一般由父一方或者母一方直接抚养。当子女由一方直接抚养时，就会产生另一方如何探望子女的问题。从法律的角度来说，就是探望权的问题。《中华人民共和国民法典》第一千零八十六条第一款规定："离婚后，不直接抚养子女的父或者母，有探望子女的权利，另一方有协助的义务。"这一规定包含两个方面的内容：一是不直接抚养子女的父或母，有探望的权利；二是直接抚养子女的父或母，有协助的义务。在法律上，通常仅明文规定一方的权利，该权利对应的义务主体则通常以默示方式规定。但本条特别强调直接抚养子女的一方有协助的义务，就是为了保证享有探望权一方的权利能够实现。无论是从法律上还是道义上来说，直接抚养子女的一方应当协助另一方实现探望权。在审判实践中，部分夫妻由于种种原因积怨较深，直接抚养子女的一方会以"不让探望子女"相要挟，迫使对方满足自己的某种要求；与此同时，被告方往往也不甘示弱，针锋相对，以"不支付抚养费"相对抗。最终双方关系更加紧张和恶化，并对子女的身心造成进一步的伤害。支付抚养费和探视子女是两个不同的法律关系，即使直接抚养子女的一方阻挠对方探视子女，也不能成为对方拒绝支付抚养费的合法抗辩理由。不直接抚养子女的一方可以另行起诉，要求依法对子女进行探望。对拒不执行有关探望子女的判决或裁定的，由人民法院依法强制执行。

案例：吴某甲与王某某原系夫妻关系，2012年11月2日生育一子吴某乙。2013年7月30日双方到民政局协议离婚，约定婚生子吴某乙由王某某抚养，吴某甲每月支付抚养费1000元。吴某甲每两周可探望儿子一次或带儿子外出游玩，王某某保证探望地点在本市，时间不少于3小时。现吴某甲以王某某拒绝其探望孩子为由，诉至法院，要求行使探望权。法院经审理后认为：父母离婚后，父母与子女间的关系，不因父母离婚而消除。离婚后，不直接抚养子女的父或母，有探望子女的权利，另一方有协助的义务。原、被告离婚后，原告虽然不直接抚养婚生子吴某乙，但仍然有探望的权利。对于原告要求探望婚生子吴某乙的主张，应予支持。被告要求中止原告行使探望权的辩解理由不能成立，不予采纳。综合考虑婚生子吴某乙的生活情况及原、被告工作和生活实际，以原告每月探视两次婚生子吴某乙较为适宜，遂判决：自2014年4月起，原告吴某甲在每月的第一个、第三个星期六的9时到被告居住地接婚生子吴某乙，于当日15时前将吴某乙送回被告居住地。被告王某某予以协助。

法条

《中华人民共和国民法典》

第一千零八十四条 父母与子女间的关系，不因父母离婚而消除。离婚后，子女无论由父或者母直接抚养，仍是父母双方的子女。

离婚后，父母对于子女仍有抚养、教育、保护的权利和义务。

离婚后，不满两周岁的子女，以由母亲直接抚养为原则。已满两周岁的子女，父母双方对抚养问题协议不成的，由人民法院根据双方的具体情况，按照最有利于未成年子女的原则判决。子女已满八周岁的，应当尊重其真实意愿。

第一千零八十五条 离婚后，子女由一方直接抚养的，另一方应当负担部分或者全部抚养费。负担费用的多少和期限的长短，由双方协议；协议不成的，由人民法院判决。

前款规定的协议或者判决，不妨碍子女在必要时向父母任何一方提出超过协议或者判决原定数额的合理要求。

第一千零八十六条 离婚后，不直接抚养子女的父或者母，有探望子女的权利，另一方有协助的义务。

行使探望权利的方式、时间由当事人协议；协议不成的，由人民法院判决。

父或者母探望子女，不利于子女身心健康的，由人民法院依法中止探望；中止的事由消失后，应当恢复探望。

《最高人民法院关于适用〈中华人民共和国民法典〉婚姻家庭编的解释（一）》

第四十九条 抚养费的数额，可以根据子女的实际需要、父母双方的负担能力和当地的实际生活水平确定。

有固定收入的，抚养费一般可以按其月总收入的百分之二十至三十的比例给付。负担两个以上子女抚养费的，比例可以适当提高，但一般不得超过月总收入的百分之五十。

无固定收入的，抚养费的数额可以依据当年总收入或者同行业平均收入，参照上述比例确定。

有特殊情况的，可以适当提高或者降低上述比例。

第五十条 抚养费应当定期给付，有条件的可以一次性给付。

第五十一条 父母一方无经济收入或者下落不明的，可以用其财物折抵抚养费。

第五十二条 父母双方可以协议由一方直接抚养子女并由直接抚养方负担子女全部抚养费。但是，直接抚养方的抚养能力明显不能保障子女所需费用，影响子女健康成长的，人民法院不予支持。

第五十三条 抚养费的给付期限，一般至子女十八周岁为止。

十六周岁以上不满十八周岁，以其劳动收入为主要生活来源，并能维持当地一般生活水平的，父母可以停止给付抚养费。

第五十四条 生父与继母离婚或者生母与继父离婚时，对曾受其抚养教育的继子女，继父或者继母不同意继续抚养的，仍应由生父或者生母抚养。

第五十五条 离婚后，父母一方要求变更子女抚养关系的，或者子女要求增加抚养费的，应当另行提起诉讼。

过错方可提出赔偿请求

《中华人民共和国民法典》继承了2001年修订婚姻法时新增的规定，

如果夫妻离婚是因一方实施重婚、家庭暴力、姘居等行为导致的，无过错一方可以要求过错一方承担损害赔偿责任。离婚损害赔偿，是指因配偶一方的过错而给他方造成物质或精神上的损害，在离婚时，有过错的一方应对受害方的损害予以赔偿。婚姻是一种民事法律行为，对婚姻义务的违反，就是对他方婚姻权利的侵害。离婚时，一方对另一方有严重过错行为，要求过错方承担损害赔偿的民事责任，是对离婚案件中无过错方权益的保护。离婚损害赔偿的目的在于对权利进行救济，具有填补损害、抚慰精神、惩罚过错方的功能。国外也有类似的规定，如《法国民法典》规定，如果离婚的过错全在夫或妻的一方，则该方得被判赔偿损害，以补偿他方因解除婚姻而遭受的物质或精神损失。

《中华人民共和国民法典》第一千零九十一条将离婚损害赔偿责任严格限定为重婚，与他人同居，实施家庭暴力，虐待、遗弃家庭成员和其他重大过错这五种严重违反婚姻义务的重大过错行为。无过错一方享有的离婚损害赔偿请求权的成立需满足较为严格的条件：一方必须具有法定的严重过错行为，这是构成离婚损害赔偿的前提条件。法定的严重过错行为限于以上五项，不能对法定过错行为作扩大化解释，其他过错行为如通奸、卖淫、嫖娼、赌博、吸毒等，不能成为提出离婚损害赔偿的法定理由。没有过错行为，或者虽有过错行为但不是第一千零九十一条规定的过错行为，不能依据本条提出损害赔偿请求。所谓“无过错”，不是指另一方没有任何过错，而是特指另一方没有实施法定过错。必须因上述五项严重过错行为导致了夫妻双方最后的离婚，即两者之间存在因果关系；必须因上述五项严重过错行为给无过错方造成了损害结果。赔偿内容既包括物质损害赔偿，也包括精神损害赔偿。物质损害赔偿，主要是指侵害方不履行抚养义务和实施家庭暴力、虐待行为给无过错方配偶造成的财产损失，如个人财产被损害或数量上的减少，财产损害仅限于受害方所遭受的直接财产的减损，不包括期待利益的损失。精神损害赔偿，包括配偶的精神利益和精神创伤、精神痛苦的损害。比如，过错方的行为给受害一方所带来的精神上的恐惧、悲伤和痛苦，导致被侵害方失眠、易怒、狂暴、抑郁、社会评价降低等。

案例：罗某娇与陈某生于1993年经人介绍相识。1994年7月，双方在婚姻登记部门办理了结婚登记手续。1994年10月14日生育一女孩，取名陈某霞；2002年12月30日生育一男孩，取名陈某希。由于双方性格不合，陈某生常为生活琐事殴打罗某娇。2000年7月，陈某生在与他人一起炸鱼炮时将右手手掌炸断，2004年11月4日18时左右，罗某娇从广东打工返回家中，陈某生与罗某娇发生口角，并用烧红的火钳将罗某娇的右脸及脖子烫伤。为此，罗某娇向法院起诉离婚。在庭审中，罗某娇要求陈某生赔偿其精神损失50000元。法院经审理后认为，婚姻关系的存续应以夫妻感情为基础。原、被告婚后感情一般，被告常为生活琐事殴打原告，特别是2004年11月4日，被告陈某生用烧红的火钳将原告罗某娇的右脸和脖子烫伤，这是典型的家庭暴力，原告罗某娇起诉要求离婚，依法应予准许。婚后生育的两个子女，以原、被告各抚养一个为宜。由于被告陈某生是婚后右手残疾，生活困难，原告罗某娇因被告陈某生实施家庭暴力，在庭审中提出要求被告陈某生赔偿其精神损失50000元的诉讼请求，依法予以部分支持。法院最后判决：被告赔偿原告精神损失费5000元。

案例：赵某与何某系夫妻关系。2006年何某怀疑赵某与他人同居生子，遂聘请调查事务所进行调查，费用总计6000元。后调查事务所提供了赵某婚外情及同居生子的证据，何某支付了6000元。何某起诉至法院，要求离婚，分割财产，同时要求赵某支付其精神抚慰金50000元及调查费6000元。法院生效判决认为：离婚损害赔偿中经济损失和精神损失的内容均是基于配偶一方导致离婚的过错行为，强调的是对因受配偶侵权行为损害的无过错的配偶提供经济和精神上的救济，为婚外情调查支出的费用不属于法定“损害赔偿”的范围。法院支持了何某要求判决离婚、分割财产的请求，判决精神抚慰金20000元，驳回了赔偿调查费的请求。

在现实生活中，夫妻双方还可能就一方将来因过错导致离婚达成“忠诚协议”，并约定赔偿责任，这是否有效呢？这个问题争议较大，需要具体问题具体分析。笔者认为，夫妻在婚姻关系存续期间签订的涉及财产问题的协议，经审查不存在欺诈、胁迫的情形，系双方当事人真实意思表示，不违反法律、行政法规的禁止性规定，对其应作有限的认定。夫妻忠诚协议大多数都是规定，当夫妻一方存在不忠行为时，应给予另一方金钱补偿。但约定的违约金额也要受到一定的限制，不宜漫天要价而显失公平，如“净身出户”条款，如果履行明显对违反协议的一方不公平，甚至使其陷入困苦的境地，则不应支持。因此，对于婚姻“忠诚协议”效力的判断，必须具体问题具体分析，结合双方当事人的真实意思表示、协议的内容、社会的普遍认知，多方面进行考量。这里有个有趣的案例，在阅读该案例时需要注意该案具有其个案特殊性，不能认为类似协议均会被法院所认可。

案例：王某与尹某于1990年结婚，2000年尹某以工作忙为由经常不回家居住，王某产生怀疑。双方约定“如尹某24点至次日7点不回家居住，每一小时支付100元‘空床费’”。事后因尹某经常不回家居住，尹某向王某出具了“空床费”总计4000元的欠条。后双方发生争议，尹某将王某打伤，王某起诉到法院要求离婚，除主张将共同财产判决王某所有外，并要求支付医疗费、误工费，还要求支付精神损失2万元和“空床费”4000元。一审法院认为“空床费”属于精神损害赔偿范畴，判决离婚，分割夫妻共同财产，尹某支付精神损害抚慰金4000元。王某不服上诉，二审改判尹某支付精神抚慰金2000元，补偿费4000元及医疗费，其他维持原判。

法条

《中华人民共和国民法典》

第一千零九十一条 有下列情形之一，导致离婚的，无过错方有权请求损害赔偿：

（一）重婚；

（二）与他人同居；

（三）实施家庭暴力；

（四）虐待、遗弃家庭成员；

（五）有其他重大过错。

被家庭成员殴打虐待该怎么办

——反家庭暴力相关问题和解答

家庭暴力首次引起广泛关注应该归功于由冯远征与梅婷主演的电视剧《不要和陌生人说话》。但现实中每每遇见这种事，往往被“我打我老婆（孩子），关你什么事？”“棍棒底下出孝子”“清官难断家务事”“家丑不可外扬”“劝和不劝离”等堵嘴。导致旁观者对家庭暴力愤慨不平，受害者却很难得到应有的救助。同时，相关单位和组织对于家庭暴力的处理手段有限，第三方干预效果并不明显。2016年3月，《中华人民共和国反家庭暴力法》施行，为家庭暴力受害者撑起腰杆，同时社会公益人士和相关组织有了介入家庭暴力事件的法律依据，可以理直气壮地大声说：“你打老婆（孩子），我们也管得着！”本章节笔者将根据在相关案件中的审判经验，结合法律实施以来全国各地的案例，讲述反家庭暴力的合法路径和帮助家庭暴力受害者的方法，以期让家庭暴力受害者摒弃“命不好”“嫁鸡随鸡”之类的陈腐思想，主动拿起法律武器积极维护自身权益；以期让公益服务者找到帮助家暴受害者的正确路径，使得他们早日走出暴力伤痛并获得赔偿。

什么是家庭暴力，只有打骂才是家庭暴力吗

《中华人民共和国反家庭暴力法》中所称的家庭成员既包括配偶、父母、子女、兄弟姐妹、祖父母、外祖父母、孙子女、外孙子女等近亲属，也包括其他具有亲密亲属关系的人，如公婆与儿媳，岳父母与女婿、姑嫂等亲属，还包括同居、有亲密关系的人等。家庭暴力主要包括身体暴力和精神暴力。身体暴力是最典型的家庭暴力形式，主要表现为殴打、捆绑、残害，限制人身自由，以饿冻、有病不给治疗等方式虐待、遗弃没有独立生活能力的儿童、老人、残疾人、重病患者，在家庭教育中以暴力方式管教儿童等。精神暴力主要表现为对受害人进行侮辱、谩骂、诽谤、宣扬隐私、无端指责、人格贬

损、恐吓、威胁、跟踪、骚扰等。精神暴力通常会使受害者产生自卑、恐惧、焦虑、抑郁等心理、精神方面的伤害。最高人民法院2014年公布的十起涉家庭暴力典型案例中的“郑某丽诉倪某斌离婚纠纷案”涉及的家庭暴力就是典型的精神暴力。倪某斌用白布包裹篮球，在白布上写“我要打死郑某丽”等字样，且经常击打该篮球，给郑某丽造成了巨大的精神压力。法院认为，郑某斌从视觉上折磨郑某丽，使其产生恐惧感，该行为构成精神暴力。在“郝某某诉郝某华赡养纠纷案”中，法院认为，郝某华对郝某某经常进行言语威胁、谩骂等行为，导致申请人终日生活在恐惧之中，法院作出裁定禁止郝某华继续实施相关行为。另外，家庭成员使儿童目睹家庭暴力行为，虽然不是直接针对儿童的身体暴力，但与恐吓、威胁等行为类似，也会给儿童带来精神伤害，在一些情况下也可能构成针对儿童的精神暴力。在“李某娥诉罗某超离婚纠纷案”中，法院认为，罗某超长期酗酒，多次酒后实施家暴，子女罗某蔚、罗某海数次目睹父亲殴打母亲，身心造成严重伤害，同时也可能造成家庭暴力的代际传递。为避免罗某蔚、罗某海继续生活在暴力环境中，在父母离婚后应由母亲抚养两个子女。《中华人民共和国反家庭暴力法》第二条规定：“本法所称家庭暴力，是指家庭成员之间以殴打、捆绑、残害、限制人身自由以及经常性谩骂、恐吓等方式实施的身体、精神等侵害行为。”

案例：钟某芳与陈某于2010年2月2日经法院判决离婚，子女由钟某芳抚养。判决生效后，陈某拒不搬出钟某芳房屋，还要求与钟某芳同吃、同睡，限制钟某芳的人身自由和社会交往。钟某芳稍有不从就遭陈某辱骂和殴打，陈某还多次写字条威胁钟某芳。法院强制其搬离后，其仍然借探视子女为由，多次进入钟某芳家中对其实施威胁，还经常尾随、监视钟某芳的行踪，不仅使钟某芳的身体受到伤害，还使其处于极度恐惧之中。钟某芳于2010年5月6日向法院提出了人身安全保护裁定的申请，并提交了报警证明、妇联的来访记录、陈某威胁钟某芳的字条、被撕烂的衣物及照片等证明材料。法院经审理认为，申请人钟某芳在离婚后仍然被前夫陈某无理纠缠，经常遭其辱骂、殴打和威胁，人身自由和社会交往仍受前夫的限制，是典型的控制型暴力行为受害者。为保护申请人的人身安全，防止“分手暴力”事件从民事转为刑事案件，法院裁定：禁止被申请人陈某骚扰、跟踪、威胁、殴打申请人钟某芳，或与申请人钟某芳及未成年子女陈某某进行不受欢迎的接触；禁止被申请人陈某在距离申请人钟某芳的住所或工作场所200米内活动；被申请人陈某探视子女时应征得子女的同意，并不得到申请人的家中进行探视。该保护令的有效期为六个月。经跟踪回访，申请人此后再没有受到被申请人的侵害或骚扰。该案例中提到了“人身安全保护裁定”这一保护受害人的有力法律措施，将会在后文中详述。

从各国或地区的研究来看，对家庭暴力如不及时制止，其非常容易循环升级，最终造成重大后果：或是施暴人在家暴中将受害人致死致残，或是受害人忍无可忍在绝境中采取极端方式杀死施暴人，需要引起所有人的重视。

法条

《中华人民共和国民法典》

第一千零四十二条第三款　禁止家庭暴力。禁止家庭成员间的虐待和遗弃。

《中华人民共和国反家庭暴力法》

第二条　本法所称家庭暴力，是指家庭成员之间以殴打、捆绑、残害、限制人身自由以及经常性谩骂、恐吓等方式实施的身体、精神等侵害行为。

《最高人民法院关于适用〈中华人民共和国民法典〉婚姻家庭编的解释（一）》

第一条　持续性、经常性的家庭暴力，可以认定为民法典第一千零四十二条、第一千零七十九条、第一千零九十一条所称的“虐待”。

遇家庭暴力后该如何制止进一步侵害

在遭遇第一次家庭暴力后，受害者一定要引起重视，不要认为这是一起偶然的低概率事件。从实践来看，若是第一次家庭暴力没有被妥善处理，很快就会进入暴力循环：情绪积累—家庭暴力—道歉平息—情绪积累—再次家庭暴力。所以一定要重视第一次家暴事件！

家庭暴力的受害者第一时间要做的就是自我保护。

首先，要控制情绪，尽量不要激化矛盾。对着加害人哭泣、尖叫或是撕扯、叫骂，会更进一步刺激对方的情绪。在环境不利和体力弱势的情况下，冷静地离开现场，避免伤害扩大。如果有条件分居的先分居，冷静下来后再应对。具体的应对方法有以下这些。

一是可以找所在居委会、村委会以及所在单位对施暴者进行教育和劝诫；

二是可以到本地派出所报案，并要求留下笔录；

三是可以到妇女联合会等组织反映情况，寻求帮助；

四是如果受伤，一定要尽快到医院诊断，请医生出具详细的伤情证明，并请人拍下伤处的清晰照片，保存好；

五是可以到人民法院申请人身保护令，也可以提起离婚诉讼并要求损害赔偿。

其次，在整个过程中，一定要有保留证据的意识。报警记录、告诫书、调解书、保证书、悔过书、承诺书、验伤报告、医疗记录、证人证言等都可以作为证据使用。这里有一个不注意收集证据的反面案例。

案例：姚女士与大学同学徐先生通过自由恋爱，于2011年5月领取了结婚证，一年后有了孩子。孩子出生后，双方因照顾孩子较累，经常为琐事争吵。徐先生脾气暴躁，经常动手打姚女士，打完之后又主动向姚女士道歉。姚女士认为孩子太小，于是选择了忍受，不向家人提及遭遇家暴的事情。2014年8月，徐先生再次动手打伤了姚女士，姚女士报了警，因担心徐先生会对其进行报复，并未到医院进行伤情鉴定。随后，姚女士向法院提起离婚诉讼，法院受理时徐先生否认实施了家庭暴力，姚女士提供了最后一次的门诊病历和报警记录，但对之前的家暴行为只有口述无任何证据。最终，法院认为夫妻之间偶尔的争吵和冲突属于正常情况，姚女士的证据不能充分证实自己长年遭受家暴，因此不予判决离婚。

对于法院的该判决结果，在没有实际经历审理的情况下，笔者不便褒贬。但作为受害人，在遭受家庭暴力后充分收集证据，是获得法律帮助的重要前提。

最后，子女被虐待的，可以提起诉讼，请求法院变更监护人。

案例：程某（女）与李某系夫妻关系，婚生子为李某程。因李某程哭闹，李某在吸毒后用手扇打李某程头面部，造成李某程硬膜下大量积液，左额叶、左颞叶脑挫伤，经鉴定为重伤二级。后李某被判处有期徒刑七年。中华少年儿童慈善救助基金会（以下简称基金会）对李某程及程某展开救助，为李某程筹集部分医疗及生活费用。基金会与程某签订《共同监护协议》，约定由基金会作为李某程的辅助监护人，与程某共同监护李某程，并由程某向北京市通州区人民法院起诉撤销李某的监护人资格，同时确认基金会为李某程的辅助监护人。还约定，为了使李某程更好地康复，经征得程某同意，基金会可以寻找合适的寄养机构照料李某程。程某向北京市通州区人民法院提出申请，请求撤销李某对李某程的监护人资格；指定基金会作为李某程的辅助监护人，与程某共同监护李某程。基金会以第三人身份参加诉讼。李某作为李某程之父，不仅未尽到对孩子的关怀照顾义务，反而在吸毒后将不足三个月的幼儿李某程殴打至重伤二级，严重侵害了未成年人合法权益。程某作为李某程之母，申请撤销李某对李某程的监护人资格，符合反家庭暴力法的规定，法院予以支持。在撤销李某监护人资格的同时，为保障李某程的合法权益，法院判决程某作为李某程的法定监护人。

法条

《中华人民共和国民法典》

第三十四条 监护人的职责是代理被监护人实施民事法律行为，保护被监护人的人身权利、财产权利以及其他合法权益等。

监护人依法履行监护职责产生的权利，受法律保护。

监护人不履行监护职责或者侵害被监护人合法权益的，应当承担法律责任。

因发生突发事件等紧急情况，监护人暂时无法履行监护职责，被监护人的生活处于无人照料状态的，被监护人住所地的居民委员会、村民委员会或者民政部门应当为被监护人安排必要的临时生活照料措施。

第三十六条 监护人有下列情形之一的，人民法院根据有关个人或者组织的申请，撤销其监护人资格，安排必要的临时监护措施，并按照最有利于被监护人的原则依法指定监护人：

（一）实施严重损害被监护人身心健康的行为；

（二）怠于履行监护职责，或者无法履行监护职责且拒绝将监护职责部分或者全部委托给他人，导致被监护人处于危困状态；

（三）实施严重侵害被监护人合法权益的其他行为。

本条规定的有关个人、组织包括：其他依法具有监护资格的人，居民委员会、村民委员会、学校、医疗机构、妇女联合会、残疾人联合会、未成年人保护组织、依法设立的老年人组织、民政部门等。

前款规定的个人和民政部门以外的组织未及时向人民法院申请撤销监护人资格的，民政部门应当向人民法院申请。

《中华人民共和国反家庭暴力法》

第二十一条 监护人实施家庭暴力严重侵害被监护人合法权益的，人民法院可以根据被监护人的近亲属、居民委员会、村民委员会、县级人民政府民政部门等有关人员或者单位的申请，依法撤销其监护人资格，另行指定监护人。

被撤销监护人资格的加害人，应当继续负担相应的赡养、扶养、抚养费用。

可以向哪些机构寻求帮助

根据《中华人民共和国反家庭暴力法》的规定，家庭暴力受害人及其法定代理人、近亲属均可向有关单位投诉、反映和求助。受害人是指遭受家庭暴力的人。无民事行为能力人、限制民事行为能力人的监护人是他的法定代理人。监护人的监护职责包括保护被监护人的身体健康、照顾被监护人的生活、管理和保护被监护人的财产、代理被监护人进行民事活动、对被监护人进行管理和教育、在被监护人合法权益受到侵害或者与人发生争议时代理其进行诉讼。因此，当无民事行为能力人、限制民事行为能力人遭受家庭暴力时，其法定代理人有权向有关单位投诉、反映和求助。关于"近亲属"的范围，我国不同领域法律规定有所不同，为加强对家庭暴力受害人的保护，这里的"近亲属"宜作宽泛理解。家庭暴力的受害人主要是在家庭中居于弱势地位的妇女、儿童、残疾人和老年人等，加害人有时就是受害人的法定代理人。在家庭暴力受害人中，有的人身心健康遭受严重伤害，有的人失去人身自由无法求助，有的人长期被施暴人恐吓、威胁不敢求助。因此，规定近亲属可以向有关单位投诉、反映和求助，对于制止家庭暴力具有非常现实的意义。

关于投诉、反映和求助的对象，《中华人民共和国反家庭暴力法》规定，家庭暴力的受害人及其法定代理人、近亲属可以向加害人或者受害人所在单位、居民委员会、村民委员会、妇女联合会等单位投诉、反映和求助。这些单位是构建家庭暴力受害人社会支持网络的重要环节。以上单位在接到家庭暴力投诉、反映和求助后有义务给予帮助、处理，具体措施包括：（1）劝阻家庭暴力行为，对加害人进行批评教育；（2）倾听受害人诉求，抚慰疏导情绪，评估家庭暴力危险程度，协助其分析自身情况，确定解决方案；（3）根据受害人的实际情况，需要报警、医疗救治、伤情鉴定、庇护救助、心理咨询、法律援助等有关专业帮助的，积极进行协调，及时转介到有关部门或机构；（4）受害人为未成年人、老年人、残疾人、孕妇、哺乳期妇女、重病患者时，按照《最高人民法院、最高人民检察院、公安部、民政部关于依法处理监护人侵害未成年人权益行为若干问题的意见》《最高人民法院、最高人民检察院、公安部、司法部关于依法办理家庭暴力犯罪案件的意见》等规定的职责及时报告并协助给予特殊保护；（5）居民委员会、村民委员会、妇女联合会等单位应当依据自身职责和实际能力，为受害人开展家庭纠纷调解、婚姻家庭关系调适、心理和法律帮助、社工服务等。

除向加害人或者受害人所在单位、居民委员会、村民委员会、妇女联合会等单位投诉、反映和求助外，家庭暴力的受害人及其法定代理人、近亲属还可以通过以下两个途径寻求法律救济：

一是拨打报警电话或者向基层派出所报案。公安机关在接到家庭暴力报案后，应当按照本法和有关法律的规定及时出警，制止家庭暴力，调查取证，协助受害人就医、鉴定伤情，采取紧急安置措施，根据情况对加害人给予批评教育、出具告诫书、给予治安管理处罚或者启动刑事追责程序。

二是对于有证据证明的轻微家庭暴力犯罪案件，可以依法向犯罪发生地或者被告人居住地的基层人民法院提起刑事自诉；家庭暴力行为尚未构成犯罪的，可以依法向人民法院提起民事诉讼，要求加害人承担停止侵害、赔礼道歉、赔偿损失等民事责任，也可以向人民法院申请人身安全保护令。

此外，《中华人民共和国反家庭暴力法》还规定家庭暴力属于违法犯罪行为，对于正在发生的家庭暴力，任何单位、个人均有权进行劝说、加以阻止，不得以侵犯隐私权等为由追究劝阻者的法律责任。

案例：2016年11月20日晚，一名大约8岁的小男孩跑进派出所，向值班的民警求助："警察叔叔，我妈妈被一男的拿着菜刀砍了，你们快去救救她！"民警立即安慰小男孩，并了解相关情况。"当时，小孩也讲得不是很清楚，我们还以为发生了命案。"据派出所民警介绍，小孩是自己跑来报警的，判断距离事发现场肯定不远，于是派出所的民警立即出警，跟着小孩前往现场。在派出所不远的路口处，一名中年妇女蹲坐在地上，腿上还有多处伤痕，小孩说这是他的妈妈。经过现场询问，这名中年妇女说，她丈夫喝醉了酒，回家后对她实施虐待。民警来到小孩家里，但是并没有发现其父亲，在返回派出所的路上，民警遇到一名醉酒男子，当时他手上还提着一瓶白酒，喝得醉醺醺的，该男子正是小孩的父亲。之后，民警将夫妻俩带回派出所进行调查。在派出所里，该中年妇女解某向民警表示，他们从某县来到城里租房居住生活，她平时一个人在菜市场卖菜，赚点钱供家里开销，可是丈夫友某长期无所事事，平时不干工作就爱喝酒，一喝醉酒回家就吵架，甚至殴打她，她长期以来被丈夫虐待。经民警调查，11月20日晚上，友某在外喝醉酒后，回家向妻子解某要钱，解某当时抱怨了几句，并没有给丈夫友某钱。这时，友某火冒三丈，拿起家里的菜刀，就向妻子解某扔去，造成解某腿部受伤。孩子看到母亲被父亲虐待后，匆匆跑到派出所报警。民警介绍，由于解某的伤情比较轻微，友某的行为还构不成虐待罪，但依据《中华人民共和国治安管理处罚法》的相关规定，虐待家庭成员，被虐待人要求处理的，处五日以下拘留或警告。对此，解某没有犹豫，也要求对丈夫友某的家暴行为进行处理。因此，友某因虐待家庭成员，被警方处以拘留五日的处罚。

对于一些特殊主体，法律还建立了强制报告制度。强制报告制度是指法律规定的义务主体，在发现特定人群遭受家庭暴力时，必须向有关部门报告，否则将承担相应的法律责任。《中华人民共和国反家庭暴力法》规定，学校、幼儿园、医疗机构、居民委员会、村民委员会、社会工作服务机构、救助管理机构、福利机构及其工作人员在工作中发现无民事行为能力人、限制民事行为能力人遭受或者疑似遭受家庭暴力的，应当及时向公安机关报案。公安机关应当对报案人的信息予以保密。强制报告制度要求义务主体发现无民事行为能力人、限制民事行为能力人遭受或者疑似遭受家庭暴力的，都要向公安机关报案。实践中有可能出现报告错误的情况，只要报告人是出于保护受害人权益的正当目的，即使报告有误，也不能追究其法律责任。但是，如果知道或者应当知道无民事行为能力人、限制民事行为能力人遭受或者疑似遭受家庭暴力，未及时报告造成严重后果的，应当承担相应的法律责任。

公安机关接到报警后，可以进行以下处理：暴力情节轻微，依法不给予治安管理处罚的，由公安机关对加害人给予批评教育或者出具告诫书。告诫书应当包括加害人的身份信息、家庭暴力的事实陈述、禁止加害人实施家庭暴力等内容。公安机关应当将告诫书送交加害人、受害人，并通知居民委员会、村民委员会。居民委员会、村民委员会、公安派出所应当对收到告诫书的加害人、受害人进行查访，监督加害人不再实施家庭暴力。告诫书还有重要的证据作用：人民法院审理涉及家庭暴力的案件，可以根据公安机关的出警记录、告诫书、伤情鉴定意见等证据，认定家庭暴力事实。法律规定了县级或者设区的市级人民政府可以单独或者依托救助管理机构设立临时庇护场所，为家庭暴力受害人提供临时生活帮助。若受害人为了躲避暴力无处可去，可以暂时在此居住。无民事行为能力人、限制民事行为能力人因家庭暴力身体受到严重伤害、面临人身安全威胁或者处于无人照料等危险状态的，公安机关应当通知并协助民政部门将其安置到临时庇护场所、救助管理机构或者福利机构。

法条

《中华人民共和国反家庭暴力法》

第十三条 家庭暴力受害人及其法定代理人、近亲属可以向加害人或者受害人所在单位、居民委员会、村民委员会、妇女联合会等单位投诉、反映或者求助。有关单位接到家庭暴力投诉、反映或者求助后，应当给予帮助、处理。

家庭暴力受害人及其法定代理人、近亲属也可以向公安机关报案或者依法向人民法院起诉。

单位、个人发现正在发生的家庭暴力行为，有权及时劝阻。

第十四条 学校、幼儿园、医疗机构、居民委员会、村民委员会、社会工作服务机构、救助管理机构、福利机构及其工作人员在工作中发现无民事行为能力人、限制民事行为能力人遭受或者疑似遭受家庭暴力的，应当及时向公安机关报案。公安机关应当对报案人的信息予以保密。

第十五条 公安机关接到家庭暴力报案后应当及时出警，制止家庭暴力，按照有关规定调查取证，协助受害人就医、鉴定伤情。

无民事行为能力人、限制民事行为能力人因家庭暴力身体受到严重伤害、面临人身安全威胁或者处于无人照料等危险状态的，公安机关应当通知并协助民政部门将其安置到临时庇护场所、救助管理机构或者福利机构。

第十六条 家庭暴力情节较轻，依法不给予治安管理处罚的，由公安机关对加害人给予批评教育或者出具告诫书。

告诫书应当包括加害人的身份信息、家庭暴力的事实陈述、禁止加害人实施家庭暴力等内容。

第十七条 公安机关应当将告诫书送交加害人、受害人，并通知居民委员会、村民委员会。

居民委员会、村民委员会、公安派出所应当对收到告诫书的加害人、受害人进行查访，监督加害人不再实施家庭暴力。

第十八条 县级或者设区的市级人民政府可以单独或者依托救助管理机构设立临时庇护场所，为家庭暴力受害人提供临时生活帮助。

第十九条 法律援助机构应当依法为家庭暴力受害人提供法律援助。

人民法院应当依法对家庭暴力受害人缓收、减收或者免收诉讼费用。

第二十条 人民法院审理涉及家庭暴力的案件，可以根据公安机关出警记录、告诫书、伤情鉴定意见等证据，认定家庭暴力事实。

第二十一条 监护人实施家庭暴力严重侵害被监护人合法权益的，人民法院可以根据被监护人的近亲属、居民委员会、村民委员会、县级人民政府民政部门等有关人员或者单位的申请，依法撤销其监护人资格，另行指定监护人。

被撤销监护人资格的加害人，应当继续负担相应的赡养、扶养、抚养费用。

第二十二条 工会、共产主义青年团、妇女联合会、残疾人联合会、居民委员会、村民委员会等应当对实施家庭暴力的加害人进行法治教育，必要时可以对加害人、受害人进行心理辅导。

什么是人身安全保护令，要如何申请以获得保护

人身安全保护令是在借鉴国外民事保护令的基础上，结合近年来部分法院人身安全保护裁定试点工作，作出的一项制度创新，是我国《反家庭暴力法》的一大亮点。人身安全保护令写入法律，从对加害人的事后惩罚变为对受害人的事前保护，有利于提升司法干预家庭暴力的力度，强化司法保护人权的功能。

谁可以申请？当事人本人可以申请人身安全保护令。受害人在没有受到强

制、威吓等情况下，处于意志自由的状态，对是否应当申请人身安全保护令有自己的分析和判断，对此应当尊重受害人的意愿。当事人申请人身安全保护令的前提是“遭受家庭暴力或者面临家庭暴力的现实危险”，因此申请人在向法院申请人身安全保护令时，应当提交有关证据材料，证明自己遭受了家庭暴力或者面临家庭暴力的现实危险。申请人身安全保护措施的证据，可以是受伤害照片、报警证明、证人证言、社会机构的相关记录或者证明、加害人保证书、加害人带有威胁内容的手机短信等。两种情况下近亲属等可代为申请人身安全保护令：一是无民事行为能力人、限制民事行为能力人在遭受家庭暴力或者面临家庭暴力的现实危险时，其近亲属、公安机关、妇女联合会、城乡基层群众性自治组织、救助管理机构可以代为申请人身安全保护令；二是受害人因受到强制、威吓等原因，无法申请人身安全保护令。家庭暴力不同程度地造成受害人身体或心理伤害，其由于恐惧而屈从于加害人的控制，忍气吞声，委曲求全，在这种情况下，作为知情人的近亲属、公安机关、妇女联合会等是可以向法院申请人身安全保护令的。公安机关、救助管理机构等有保护受害人合法权益的法定职责，由其代为申请人身安全保护令也是合适的。

我国《反家庭暴力法》要求申请人以书面方式提出人身安全保护令申请，有利于明确被申请人的姓名、住所、遭受家庭暴力的具体情形等内容，便于人民法院及时受理并作出裁定。在某些特殊情况下，以书面形式申请人身安全保护令在实践中面临一些困难。例如，有些家庭暴力的受害人文化程度不高，甚至是文盲或者半文盲，要求其以书面形式提出申请，客观上存在困难；或是在紧急情况下，如果申请人没有充足的时间准备书面申请材料，此时应当允许申请人口头申请人身安全保护令，由人民法院记入笔录。申请人身安全保护令由申请人或者被申请人居住地、家庭暴力发生地的基层人民法院管辖。人民法院受理申请后，会在72小时内作出人身安全保护令或者驳回申请；情况紧急的，应当在24小时内作出。

人身安全保护令可以包括下列措施：（1）禁止被申请人实施家庭暴力；（2）禁止被申请人骚扰、跟踪、接触申请人及其相关近亲属；（3）责令被申请人迁出申请人住所；（4）保护申请人人身安全的其他措施。前三项是具体列举，第（四）项是兜底条款。

案例：郝某某与其妻王某某（已故）育有五个子女。现郝某某已丧失劳动能力，除每月的低保金320元外，无其他经济来源，其日常生活需要子女照顾。郝某某轮流在除郝某华之外的其他子女处居住生活。因其他子女经济情况一般，住房较为紧张，郝某某遂要求郝某华支付赡养费，并解决其居住问题。郝某华对郝某某提出的要求不满，经常用激烈言辞对郝某某进行言语威胁、谩骂，致使郝某某产生精神恐惧，情绪紧张。郝某某诉至法院，要求郝某华支付赡养费，并解决其居住问题。经法院多次通知，郝某华仍不到庭应诉，反而对郝某某恫吓威胁，致使郝某某终日处在恐惧之中。郝某某遂在诉讼期间向法院申请人身安全保护裁定，要求法院采取措施，制止被告郝某华对自己进行威胁、谩骂、侮辱行为。针对申请人提出的人身安全保护裁定申请，法院经审理认为，被申请人郝某华对申请人郝某某经常进行言语威胁、谩骂等行为，导致申请人终日生活在恐惧之中，故其申请符合法律规定，应予支持。法院遂裁定：禁止被申请人郝某华对申请人郝某某采取言语威胁、谩骂、侮辱以及可能导致申请人产生心理恐惧、担心、害怕的其他行为。同时，法院对被申请人进行了训诫，告知其在有效期内，若发生上述行为，则视情节轻重对其采取拘留、罚款等强制措施。经跟踪回访，被申请人对申请人再无威胁行为。对原告请求被告履行赡养义务的请求，法院判决被告郝某华每月向原告郝某某支付赡养费600元。

人民法院作出人身安全保护令后，会送达申请人、被申请人、公安机关以及居民委员会、村民委员会等有关组织。人身安全保护令由人民法院执行，公安机关以及居民委员会、村民委员会等应当协助执行。协助执行的具体内容包括：对人身安全保护令的执行情况进行监督，督促被申请人遵守人身安全保护令；接到被申请人违反人身安全保护令的报警后，公安机关应当及时出警，制止暴力行为、进行调查取证、采取紧急安置措施或者给予其他处理，并将被申请人违反人身安全保护令的情况通知人民法院；

等等。如果被申请人即家暴实施者，违反人身安全保护令，构成犯罪的，依法追究刑事责任；尚不构成犯罪的，人民法院应当给予训诫，可以根据情节轻重处以1000元以下罚款、15日以下拘留。

案例：简某与何某于2018年10月登记结婚，由于双方婚前相处时间较短，缺乏深入了解，感情基础薄弱，婚后双方更是因家庭琐事多次发生争吵、冲突。2019年9月2日，何某与简某因离婚问题发生拉扯，造成简某受伤。同日，派出所向何某出具家庭暴力告诫书，对何某的实施暴力行为进行书面告诫。同年9月17日，简某向法院申请人身安全保护令。法院经审查，认为申请人简某的申请符合人身安全保护令的法定条件，遂裁定：（1）禁止被申请人何某对申请人简某实施家庭暴力；（2）禁止被申请人何某威胁、骚扰、跟踪申请人简某及其相关近亲属。12月7日，因家庭经济纠纷，何某先后两次去了简某母亲的店里找妻子，在交涉过程中，两人又发生争吵，何某还砸了东西，导致简某额头受伤。何某又于12月11日晚，再次来到简某母亲店里，不仅在门口摔起了店里的物件，还对简某母亲进行谩骂。简某遂向公安局报警称自己被丈夫骚扰殴打，何某于当日被传唤至派出所，并于12日被移交至人民法院。承办法官对具体情况进行了核实，认定何某违反了人身安全保护令，依法对何某拘留五日。

法条

《中华人民共和国反家庭暴力法》

第二十三条 当事人因遭受家庭暴力或者面临家庭暴力的现实危险，向人民法院申请人身安全保护令的，人民法院应当受理。

当事人是无民事行为能力人、限制民事行为能力人，或者因受到强制、威吓等原因无法申请人身安全保护令的，其近亲属、公安机关、妇女联合会、居民委员会、村民委员会、救助管理机构可以代为申请。

第二十四条 申请人身安全保护令应当以书面方式提出；书面申请确

有困难的，可以口头申请，由人民法院记入笔录。

第二十五条 人身安全保护令案件由申请人或者被申请人居住地、家庭暴力发生地的基层人民法院管辖。

第二十六条 人身安全保护令由人民法院以裁定形式作出。

第二十七条 作出人身安全保护令，应当具备下列条件：

（一）有明确的被申请人；

（二）有具体的请求；

（三）有遭受家庭暴力或者面临家庭暴力现实危险的情形。

第二十八条 人民法院受理申请后，应当在七十二小时内作出人身安全保护令或者驳回申请；情况紧急的，应当在二十四小时内作出。

第二十九条 人身安全保护令可以包括下列措施：

（一）禁止被申请人实施家庭暴力；

（二）禁止被申请人骚扰、跟踪、接触申请人及其相关近亲属；

（三）责令被申请人迁出申请人住所；

（四）保护申请人人身安全的其他措施。

第三十条 人身安全保护令的有效期不超过六个月，自作出之日起生效。人身安全保护令失效前，人民法院可以根据申请人的申请撤销、变更或者延长。

第三十一条 申请人对驳回申请不服或者被申请人对人身安全保护令不服的，可以自裁定生效之日起五日内向作出裁定的人民法院申请复议一次。人民法院依法作出人身安全保护令的，复议期间不停止人身安全保护令的执行。

第三十二条 人民法院作出人身安全保护令后，应当送达申请人、被申请人、公安机关以及居民委员会、村民委员会等有关组织。人身安全保护令由人民法院执行，公安机关以及居民委员会、村民委员会等应当协助执行。

第三十三条 加害人实施家庭暴力，构成违反治安管理行为的，依法给予治安管理处罚；构成犯罪的，依法追究刑事责任。

第三十四条 被申请人违反人身安全保护令，构成犯罪的，依法追究刑事责任；尚不构成犯罪的，人民法院应当给予训诫，可以根据情节轻重处以一千元以下罚款、十五日以下拘留。

消费者该如何维权

——消费者权益保护相关问题和解答

“退一赔三”“退一赔十”等概念你也许曾听闻，但如果有一天需要你掏出这些条款，与商家斗上一斗，你是否清楚应当如何做？笔者在审理案件的过程中遇到过认真的消费者，为了7元一杯的有异物豆浆，不惜花费数千元请律师与世界知名食品企业对簿公堂，只求一个法律上的公正。但更多的消费者，面对显然亏本的维权行为，选择了忍气吞声或者退款了事。

其实，你可以自己来维权，既可以出口恶气，又可以获得经济利益：笔者的一个同学花238元购买了一个产地与包装不符的保温壶，通过维权获得了900元赔偿；一位朋友花10.8元购买了一箱超过保质期的饼干，通过维权获得了800元赔偿。按照他们的话说：多买到几次这种东西就好啦。玩笑归玩笑，遇到不良商家不要客气，勇敢地上去怼吧。

本章节笔者将根据在相关案件中的审判经验，结合真实的案例，教你掌握维权的基本知识和相关技巧，最大限度来维护自己的权利。

谁是消费者

《中华人民共和国消费者权益保护法》是第八届全国人大常委会第四次会议于1993年10月31日通过，自1994年1月1日起施行的。该法施行20多年来历经两次修正，对保护消费者的合法权益、形成消费者权益保护的社会理念、规范经营者的经营行为、维护社会经济秩序、促进社会主义市场经济健康发展，发挥了重要作用。但是，随着经济社会的不断发展，我国消费方式、消费结构和消费理念也在发生着重大变化。在消费方式方面，随着互联网的兴起与发展，网络销售、网络购物渐成规模；在消费结构方面，消费品和经营者提供的服务种类日趋丰富，自住商品房、机动车、金融服务等成为消费者日常生活中新的消费对象；在消费理念方面，在提升消费生活水平的同时，文明、健康和节约资源、保护环境的消费观念逐渐形成。针对消费者权益保护领域出现的这些新情况、新问题，全国人大不断修改消费者权益保护法，完善消费者权益保护法律制度。2009年8月、2013年10月两次修法形成当前版本。《中华人民共和国消费者权益保护法》第二条规定："消费者为生活消费需要购买、使用商品或者接受服务，其权益受本法保护……"那么第一个问题来了：什么样的人是消费者？

我们一般认为，消费者具有以下法律特征：

1.消费者的消费在性质上属于生活消费。

2.消费者消费的客体是商品和服务（消费客体涵盖的范围很大，涉及人们的衣食住行、医疗、文化、教育、保险等生活消费所需要的各个方面的商品和服务。但法律禁止购买、使用的商品和禁止接受的服务，不属于《中华人民共和国消费者权益保护法》规定的商品和服务）。

3.消费者的消费方式包括购买、使用商品和接受服务（在生活消费过程中，商品的购买者可以同时是该商品的使用者；也可以由购买者购买商品，然后供他人使用。服务也是如此。就一项服务来说，服务费用的承担者既可以自己来接受该服务，也可以由他人来接受该服务。因此，消费方式可以有多种情形。消费者作为消费主体，范围包括消费者以及消费者群体）。

在司法实践中，曾经对"知假买假"的职业打假人是否具有消费者身份有很大争议，现在已经基本在司法界内部统一了认识："知假买假"的职业打假人不属于消费者。当前主流观点认为消费者与经营者间的交易行为是受私法调整的法律行为，应遵循包括诚实信用在内的私法基本原则。"知假买假"并非诚信行为，对其进行保护有悖于诚实信用原则。保护"买假"者的理论基础在于出卖人的瑕疵担保义务，买方购买时明知瑕疵存在仍购买的，出卖人的瑕疵担保责任可免除。但经营者提供的商品或者服务的瑕疵违反国家强制性规定的，消费者明知瑕疵存在仍接受商品或者服务的，经营者的担保责任也不能免除。形成这样的共识具有深刻的社会实践基础：在职业打假人活跃的时期，虽然确有一些假冒伪劣产品得到规制，但更多的是大商场正常的经营秩序被打乱。职业打假人针对索赔较为方便的大商场寻找标识、包装、宣传上的瑕疵和疏忽，动辄以媒体曝光为威胁，谋取远超购物金额的利益。而真正假货泛滥的下沉市场，由于维权成本高、收益小，反而鲜有职业打假人问津。

案例：2001年12月31日，孙先生在北京某购物中心以单价35元、总价10500元的价格购买了300支黑色派克笔。一个月后，孙先生起诉称，在购买时无论是服务员强调还是商品标签、发票都表明该笔是美国原装进口的。此后，孙先生发现该笔实际是“三无产品”，即要求购物中心出示该笔为美国进口商品的合法手续，遭到拒绝。孙先生因此认为购物中心伪造产品产地，属欺诈行为，故要求购物中心双倍返还货款。而购物中心则称，孙先生在开具购物发票时一再要求服务员注明产地为“美国”，服务员告知是上海合资生产的，不是美国生产的。孙先生却称是单位要求的，否则不能报销，也无法送人，并说与购物中心无关。购物中心认为发票是应孙先生的要求开具的，孙先生的行为不符合我国《消费者权益保护法》规定的范围，不能依据该法的有关规定处理。一审法院判决后，孙先生不服，以购物中心销售假冒伪劣产品、欺骗消费者为由提起上诉。二审法院经审理认为：根据已查明的事实，孙先生未能提供证据证明300支派克笔是为生活需要所购置的，故其与购物中心之间的纠纷不属于《中华人民共和国消费者权益保护法》调整的范畴，不适用该法的有关规定。据此，终审判决双方退货赔款。

此外，该法第六十二条特别规定“农民购买、使用直接用于农业生产的生产资料，参照本法执行”。本法调整的范围为生活消费，农民购买、使用农资产品，从性质上讲属于生产消费。法律特别规定“参照本法执行”，体现了对农民权益的特殊保护。

法条

《中华人民共和国民法典》

第一百二十八条 法律对未成年人、老年人、残疾人、妇女、消费者等的民事权利保护有特别规定的，依照其规定。

《中华人民共和国消费者权益保护法》

第一条 为保护消费者的合法权益，维护社会经济秩序，促进社会主义市场经济健康发展，制定本法。

第二条 消费者为生活消费需要购买、使用商品或者接受服务，其权益受本法保护；本法未作规定的，受其他有关法律、法规保护。

第六十二条 农民购买、使用直接用于农业生产的生产资料，参照本法执行。

消费者有哪些权利

安全权

《中华人民共和国消费者权益保护法》第七条第一款规定：“消费者在购买、使用商品和接受服务时享有人身、财产安全不受损害的权利。”

案例：某妇女甲经常去某舞厅跳舞。一日，甲在舞池中旋转时突然摔倒，导致肋骨骨折。甲在治疗完毕后，提出诉讼要求舞厅赔偿其全部损失。舞厅抗辩表示，摔倒系甲自己失误，与舞厅无关，拒绝赔偿。法院经审理后查明，根据当天在场的多名证人证言，事发当时因为某顾客打翻水瓶，舞厅工作人员正在舞池边拖地，结合原告对摔倒原因系地上湿滑的陈述，认定甲系舞池地面有水而导致滑倒具有高度盖然性。据此认定舞厅未充分履行安全保障义务，需对事故损失承担主要责任。甲在跳舞时疏忽注意脚下情况，需承担次要责任。法院据此责任划分作出判决。

案例：1995年3月8日19时许，贾某与家人及邻居在北京市H区C餐厅吃火锅。C餐厅在提供服务时，所使用的炉具是L厨房用具厂生产的YSQ－A“众乐”牌卡式炉，卡式炉燃气罐是G气雾剂公司生产的“白旋风”牌边炉石油气气罐。当贾某等人使用完一个气罐换置第二个气罐继续使用约10分钟时，正在使用的卡式炉燃气罐发生爆炸。贾某面部、双手被烧伤，当即被送往医院治疗，被诊断为“面部、双手背部深2度烧伤，烧伤面积8%”。

贾某自1995年3月8日至4月29日住院治疗，住院期间应支付治疗费12950.70元，住院期间经医嘱购置营养品费用为3809.48元，一年护理费为7051.50元；交通费为4293.90元，残疾生活自助具费为3559.35元，上述费用共计人民币31664.93元。贾某诉至法院，法院经审理后认为餐厅应当保证消费者的安全权，依法判处餐厅赔偿消费者的全部损失。

知情权

俗话说：“只有买错，没有卖错。”一般来说，经营者对提供的商品的价格、产地、质量等情况的了解，要远远超过消费者。经营者应讲诚信，把商品的真实情况告诉消费者。消费者在选择商品或服务时，信息不对称是消费者受到损害的原因之一。尤其是在现代科技迅猛发展的情况下，产品科技化程度越来越高，这一矛盾就越发突出。还有的经营者有意隐瞒商品信息，欺骗消费者，甚至生产、销售假冒伪劣产品。为此，赋予消费者知情权尤其必要。消费者的这项权利，是消费者购买、使用商品或者接受服务的一项基础性权利，涉及消费者的安全权、选择权等能否最终实现。《中华人民共和国消费者权益保护法》第八条第一款规定：“消费者享有知悉其购买、使用的商品或者接受的服务的真实情况的权利。”在购买、使用商品或接受服务过程中，只要是与正确的判断、选择、使用等有直接关联的情况与信息，消费者都有权知悉，经营者都应当提供。

案例：2018年1月11日，被告某公司（甲方）与原告（乙方）签订《委托代购协议》，约定乙方委托甲方代为订购车辆型号为福睿斯2017款幸福版1.5L自动时尚型家用轿车一台，单价为122300.00元。某公司根据委托，向被告福骏公司订购原告选定车辆，并预先垫付部分车款。2018年1月13日，福骏公司出具了《机动车销售统一发票》一张，载明购买方：杨某某，销售单位：福骏公司。次日，福骏公司将案涉车辆运送至某公司，某公司通知原告于当日下午验车。2018年1月16日，原告向被告某公司付清购车款。2018年1月18日，某公司代原告杨某某申办临时号牌，次日，某公司向原告正式交付车辆，车程显示为20公里。2018年1月31日，原告因临时号牌即将到期，向某公司再次申请打印临时号牌。2018年2月2日，某公司告知原告该车已打印了3次临时号牌不能继续打印。为此，原告向重庆市云阳县工商行政管理局投诉，要求处理。2018年3月9日，在工商行政管理局的监督下，双方对涉案车辆进行数据检测，检测里程数据为1115.76公里，原告提车后实际行驶了840.48公里。原告遂向法院提出诉讼，主张被告故意清除了车辆行驶里程，隐瞒了车辆作为展车的事实，构成欺诈。原告起诉要求：（1）原告向被告某公司退还所购汽车，被告某公司退赔原告部分车款；（2）二被告共同赔偿原告购车款3倍的赔偿金291900.00元；（3）二被告共同赔偿原告车辆购置税款、保险费等其他损失共计15593.00元。

法院经审理后查明，福骏公司于2017年11月12日向长安福特汽车有限公司销售分公司购买了包括涉案车辆在内的9台车辆。因调车参加车展，福骏公司于2017年11月18日至2018年1月3日，对该车申请两次临时号牌，该车从重庆万州到重庆奉节高速路上往返行驶260余公里。该情况，福骏公司未予告知原告。

法院生效判决认为：原告与被告某公司签订《委托代购协议》，明确约定被告某公司接受原告的委托代为订购车辆一台，双方形成委托合同关系。被告福骏公司在接受某公司订购车辆的过程中，被告某公司向被告福骏公司出具《垫资证明》，明确告知福骏公司车辆实际购买人为杨某某，且福骏公司在出具的《机动车销售统一发票》上明确载明，销售单位名称为重庆福骏汽车销售服务有限公司，购买方为杨某某。因此，原告杨某某系与被告福骏公司建立了买卖合同关系。消费者享有知悉商品相关信息的权利，经营者负有主动向消费者提供商品真实、全面信息的义务。案涉车辆交付前福骏公司对车辆两次打印临时号牌且上道行驶260余公里，经营者应当向消费者如实告知，福骏公司未予告知，违反了《中华人民共和国消费者权益保护法》的规定，侵犯了消费者的知情权。经审理查明，福骏公司销售的车辆未对原告的人身健康及安全造成不利影响，也未造成实质性的财产损失，福骏公司在销售前将车辆采用地跑方式进行的展车行为，属于正常的经营行为，综上，福骏公司尚不构成欺诈。但福骏公司未告知上述信息对消费者的知情权产生了一定程度的影响，应承担相应的赔偿责任。因案涉车辆的问题显著轻微，且明显不危及车辆安全性能、主要功能、基本用途，无证据证明销售前两次打印临时号牌及因展车行为行驶260余公里给原告造成了较大的不利影响，兼顾对消费者认知能力和消费心理的保护以及对不履行如实告知义务的经营者的制裁，酌定被告福骏公司向原告杨某某赔偿2万元。

自主选择权

《中华人民共和国消费者权益保护法》第九条规定："消费者享有自主选择商品或者服务的权利。消费者有权自主选择提供商品或者服务的经营者，自主选择商品品种或者服务方式，自主决定购买或者不购买任何一种商品、接受或者不接受任何一项服务。消费者在自主选择商品或者服务时，有权进行比较、鉴别和挑选。"这个权利听上去有点像讲废话，这不是理所当然吗？然而在我们的实际生活中，商家为了谋取更高的利润，强制或是半强制地剥夺、限制消费者选择权的案件屡见不鲜。

除以欺诈误导方式侵犯消费者自主选择权的情况外，现在一些商家会以更加柔和的手段，变相剥夺你的选择权。2020年4月，浙江省消保委针对优酷、芒果TV等11家视音频网站存在的问题，提出整改意见。其中，消费者对视频、音频网站存在的自动续费扣款未提醒、默认勾选自动续费等，意见较为集中。截至4月17日，各平台均已提交整改方案，多家视音频网站表示将取消默认自动续费功能，在连续扣费前通过多种形式提醒用户即将扣费。提起视音频平台的自动续费条款，网友早就一肚子苦水。有的平台把“自动续费”做成默认勾选的蝇头小字，用户稍不留意便掉进月月交钱的陷阱，平台扣款行为还“秘密进行”，并不主动告知；而取消续费或退还余额的“机关”却深藏不露，任用户劳神费力也难寻踪影。悄无声息地把用户的钱袋子“勾”开一个口子，此种行为与偷盗何异？《中华人民共和国电子商务法》明确规定，电子商务经营者搭售商品或服务应以显著的方式提请消费者注意，不得将搭售商品或者服务作为默认同意的选项。可见，默认扣款、不予通知，违背了法律条款，侵害了消费者权益。

案例：2019年2月，何某在萍乡某房地产公司员工的带领下，实地察看了其提供的三套住房，并在其提供的《看房确认书》上承诺：“如果最后成交该房屋，同意向萍乡某房地产公司支付最后成交价格的1%为中介佣金，何某及何某家属假如私下成交该房屋，愿接受萍乡某房地产公司双倍中介佣金的索赔。”在萍乡某房地产公司工作人员的带领下，何某看中了三套住房中的一套，并就该房屋的价格与萍乡某房地产公司进行了商议。最终，何某从第三方A房产公司处以低于萍乡某房地产公司给出的房价购买了该套房屋，并办理该房屋所有权过户手续。萍乡某房地产公司得知详情后，多次联系何某要求其按照《看房确认书》承诺，支付中介佣金与赔偿金，但何某置之不理，故萍乡某房地产公司诉至法院，要求何某支付萍乡某房地产公司中介佣金4000余元与赔偿金4000余元。法院经审理认为，本案的争议焦点为，何某是否应向萍乡某房地产公司支付双倍中介佣金。根据《中华人民共和国消费者权益保护法》第九条“消费者享有自主选择商品或者服务的权利。消费者有权自主选择提供商品或者服务的经营者，自主选择商品品种或者服务方式，自主决定购买或者不购买任何一种商品、接受或者不接受任何一项服务。消费者在自主选择商品或者服务时，有权进行比较、鉴别和挑选”的规定，因此，何某对其购买房屋的意向有选择房产中介机构的权利，何某通过A房产公司购买房屋的行为属其行使选择权。另外，何某购买成功的房屋是否属于私下成交，依照文义解释，私下成交，应为何某撇开萍乡某房地产公司与房主成交，而现有证据证明，何某系通过A房地产公司购买的房屋，价格低于萍乡某房地产公司提供的价格，并支付了佣金，故其购房行为并非私下成交。萍乡某房地产公司仅为何某提供了看房服务，并未促成购房合同的成立，故萍乡某房地产公司不能要求何某支付佣金。综上所述，法院依法驳回了何某的诉求。

公平交易权

消费者的公平交易权是消费者在购买商品或者接受服务时所享有的与经营者进行公平交易的权利，其内容包括消费者在购买商品或者接受服务时，获得质量保障、价格合理、计量正确等公平交易条件，拒绝经营者强制交易行为的权利。消费者购买商品或者接受服务，与经营者发生的是平等主体之间的交易关系，在这一关系中，双方的目标一致——都想完成交易，但目的不同，经营者要赚钱，消费者怕花冤枉钱，并想获得质优价廉、物超所值的商品或者服务。在消费者与经营者这一矛盾统一体中，经营者是商品和服务的提供者、价格的制定者、度量衡和服务方式的操控者，客观上处于优势地位；而消费者受市场经济条件下信息分布不对称的影响，通常要依赖经营者提供的信息来判断商品或者服务的价值，客观上处于劣势地位，不仅讨价还价的底气不足，还可能被经营者欺骗而购买到质次价高的商品，或者接受质价悬殊的服务。特别是当某种商品或者服务为消费者所急需时，出于对商品或者服务的强烈需求，消费者往往不得不接受不公平的交易条件。比如，针对部分汽车客运站在销售汽车客票时，违背乘客意愿搭售人身意外伤害保险的行为。所谓“默认搭售保险”就是乘客在购买车票时，售票员未经乘客同意擅自将一些乘车意外人身伤害保险搭售给乘客。显然，这种强买强卖的做法有悖于《中华人民共和国保险法》相关规定。《中华人民共和国保险法》规定，保险合同自愿订立，不得利用职务或者职业便利强迫、引诱投保人订立保险合同。然而，有的汽车客运站售票人员无视这一规定，事先不履行告知义务，硬塞给乘客一张保险车票，令人无所适从。按说，2元左右的人身意外伤害乘车保险费并不高，但乘客购买与否，话语权和选择权应该掌握在乘客自己手里，售票部门不能一厢情愿。对于这种强买强卖行为，乘客有权说“不”。而公平交易是市场经济的一项准则，如果经营者与消费者之间不公平的交易行为长期存在，不仅会影响消费者的积极性，也会因消费需求不足而阻碍生产的发展，最终损害经营者的利益。为此，法律需要找到一个平衡点，以扭转消费者的弱势地位，使消费者在法律的支撑下，能够与经营者对等谈判，找到双方都能够接受的交易条件，实现与经营者的共赢。这个平衡点就是消费者的公平交易权。

之前十分有名的“知网充值案”，就是一个典型的侵犯消费者选择权和公平交易权的例子。

案例：刘某超在同方知网公司运营的中国知网（www.cnki.net）上通过支付宝充值50元，中国知网充值中心对于用支付宝方式充值的最低额限制设定为50元。后刘某超于充值当日至2018年6月2日在中国知网合计消费9元，账户余额共41元。2018年10月21日，刘某超电话联系中国知网的客服，询问是否可以自定义充值及账户余额能否退还，客服答复不可以自定义充值，不同的充值方式对于最低充值金额有不同的规定。对于多余的金额可以退还，但退款周期长，还需扣除一定的手续费，如需继续使用中国知网，建议先不退款。2018年11月6日，刘某超以中国知网作出的最低充值金额限制及账户余额不能退还的规定侵犯其权益为由将同方知网公司起诉至江苏省苏州市姑苏区人民法院。2018年11月26日，同方知网公司将余额41元退还至刘某超的支付宝账户。另查明，中国知网充值中心列明多种充值方式：支付宝、微信支付、银联在线、会员卡、神州行卡、汇付天下、移动短信、银行电汇、邮局汇款等，其中支付宝的充值最低限额为50元，其他部分支付方式也设定了不同金额的最低充值额限制。中国知网在其帮助中心网页“答读者问”一栏第十九条中写道：“个人用户没使用完的金额是否可以退订？账户余额不支持转出功能，购买的充值金额没有时间限制，用完为止。”刘某超提起诉讼后，同方知网公司将该问答内容删除。江苏省苏州市姑苏区人民法院一审认为：消费者享有自主选择商品或者服务的权利，有权自主选择商品品种或者服务方式，自主决定购买或者不购买任何一种商品。经营者不得以格式条款、通知、声明、店堂告示等方式，作出排除或者限制消费者权利、减轻或免除经营者责任、加重消费者责任等对消费者不公平、不合理的规定，不得利用格式条款并借助技术手段强制交易。格式条款、通知、声明、店堂告示等含有前款所列内容的，其内容无效。本案中，被告同方知网公司在中国知网上关于最低充值额限制的规定导致消费者为购买价格仅为几元的文献需最低充值10元至50元。虽然账户余额可以退还，但同方知网称退还需扣除手续费，故该网站对于最低充值额的设定占用了消费者的多余资金，且收取退款手续费也增加了消费者的负担。故该规定侵犯了消费者的自主选择权，限制了消费者的权利，是对消费者不公平、不合理的规定，应认定无效。虽然本案的最低充值金额较低，大多数消费者尚可忍受，也未提出异议，但该做法的负面示范效应仍应引起重视并加以规范、指引，商家应在充值时允许消费者对充值金额进行自定义。对于刘某超要求同方知网公司退款的请求，因同方知网公司已经退款，故对该项请求予以驳回。

求偿权

该权利是指消费者因购买、使用商品或者接受服务受到人身、财产损害的，可以依法获得赔偿。消费者因购买、使用商品或者接受服务受到的人身损害包括：生命健康权、姓名权、肖像权、名誉权、隐私权的损害，也包括人身自由、人格尊严等人格权的损害。例如，消费者因购买、使用经营者提供的不符合质量要求的商品或者服务导致死亡、伤残；消费者在消费过程中遭到谩骂、污辱；消费者的身体被搜查；消费者的个人秘密、个人信息被非法公开或者提供给他人；消费者的民族习惯没有得到尊重；等等。消费者因购买商品或者接受服务受到的财产损害包括金钱、时间、可得利益等损害。例如，消费者购买假冒伪劣或者缺斤短两商品花出的冤枉钱；消费者因产品质量不合格致生命健康损害后支出的丧葬费和医疗费、护理费、交通费等治疗和康复费用，以及因误工减少的收入；残疾生活辅助具费；消费者因退换不合格商品支出的交通费及误工损失；消费者因提供的商品或者服务无法使用而寻找替代物支出的费用；消费者因金融服务经营者没有履行风险警示义务导致资产减损；等等。

这里有一个买到假货的案例，消费者并没有因为货物价值小就选择息事宁人，而是拿出法律武器追究到底。

案例：2019年5月，罗某在淘宝某电商网店以14.5元价格，购买了7号南孚电池10节，收货后，发现电池电量很小或者无电，电池从外观上看，也与正品南孚电池存在明显差别，就向淘宝网络平台申请客服介入，之后，淘宝电商承认其销售的电池是劣质产品，对罗某表示歉意，并愿意把14.5元退还，并对涉案网店销售的上述商品，做了下架处理。但罗某表示不同意如此处理，诉请法院判令淘宝电商赔偿500元及淘宝公司承担连带责任。经庭审调查，涉案的10节7号南孚电池与正品7号南孚电池在外观上存在明显差别，电池表面印刷图案也不一致。法院经审理后认为，被告淘宝某电商在被告淘宝公司建立的淘宝网络交易平台上，销售给原告的7号南孚电池确存在以假乱真、以次充好的欺诈行为，应当对原告承担赔偿责任，赔偿金额为500元。被告淘宝公司在收到原告的投诉后，即与原告沟通并对上述商品做了下架处理，采取了必要措施。原告要求被告淘宝公司承担连带责任依据不足，法院不予支持。

消费者或者其他受害人因商品缺陷造成人身、财产损害的，可以向销售者要求赔偿，也可以向生产者要求赔偿。消费者在接受服务时，合法权益如果受到损害，可以向服务者要求赔偿。

案例：2002年2月19日17时许，东阳市画水镇某村的陆某到亲戚家赴晚宴。因客人尚未到齐，陆某就站在客厅窗户边等其他客人。这时，离陆某两米左右的一瓶啤酒突然发生爆炸，陆某左眼顿时感到疼痛难忍，鲜血直流，急送市人民医院治疗，被诊断为左眼炸伤，鉴定结论为七级伤残。在市消费者协会的调解下，陆某获得啤酒厂家一次性赔偿17.3万元。

受尊重权及信息得到保护权

人格尊严是人身权的重要内容，涉及姓名权、名誉权、荣誉权、肖像权、隐私权等方面。人格尊严受到尊重是消费者应当享有的基本权利。但在消费实践中，侵害消费者人格尊严的事情经常发生，如侮辱消费者、非法搜查消费者的人身、拘禁消费者等。法律明确规定消费者的人格尊严受到保护，侵害消费者人格尊严的应当承担法律责任。我国各民族间存在风土人情、饮食习惯、居住方式、衣着服饰、婚丧嫁娶、礼节禁忌等诸多不同，而这些均与消费密切相关。尊重民族风俗习惯，尤其是少数民族的风俗习惯，就是尊重民族感情、民族尊严，这是涉及民族平等、民族团结的大事情，尊重民族风俗习惯，对于保护少数民族消费者合法权益有着重要的意义。因此，《中华人民共和国消费者权益保护法》规定消费者在购买商品或者接受服务时享有民族风俗习惯得到尊重的权利。

案例：1999年，上海的一名女大学生在屈臣氏公司的一家超级市场连锁店购物。在离开时，防盗铃骤响，商场女保安将她带入地下室进行搜身检查，女保安用手提电子探测器对女大学生进行全身检查后，探测器测出其髋部带有磁信号，女保安当即要求女大学生脱裤检查。女大学生以人身权、名誉权被侵犯为由诉状上海市屈臣氏有限公司和屈臣氏四川北路店，要求其公开赔礼道歉和赔偿精神损害50万元。终审法院认为，商场的检查是单独秘密进行的，并未引起原告的名誉贬损，不构成名誉侵权；但是，《中华人民共和国宪法》规定公民的人格尊严不受侵犯，由此，法院确认商场的行为侵犯了女大学生的人格尊严权，判令被告向原告赔礼道歉，赔偿原告人民币1万元精神损失费，被告负担两审诉讼费共计人民币820元。

消费者人格尊严应受到尊重。在超市购物被怀疑时，消费者可与讲理的工作人员配合，核对商品，但若被要求搜身，则要严词拒绝，必要时可向公安部门或消费者协会投诉。

案例：1999年11月24日下午，两岁小女孩吴某的姨妈何某带着她到深圳H超级市场有限公司分店，给她买了一包“喜之郎”果冻和一粒糖。何某结账之后，还没离开收款台，一个姓刘的保安员追出来说何某身上还有护肤品没付钱。何某立刻翻开自己和两岁外甥女吴某的衣袋让保安员查看，保安员还是不肯放她们走。保安员把何某、吴某姨甥两人推进办公室，叫来女收银员进行搜身，让何某脱衫解裤，又把两岁的吴某衣服扯开，把裤子脱下检查，但并未发现任何赃物。此时，商场仍不罢休，还向当地派出所报案，辖区民警专程调查此事，弄得何某无脸见人，姨甥相抱大哭。第二天，何某带着吴某到罗湖消费者委员会投诉，消费者委员会工作人员到商场调查，商场姓刘的保安员承认有搜身一事，查明主要是由于商场监控器出现失误报警故障造成的。为讨个公道，何某和吴某分别递状纸到罗湖区人民法院。法院认为，该连锁店的行为构成了侵权。对这一案的原告吴某，法院认为，虽然她年纪尚幼，同样有法律授予的权利，该店同样要赔偿她的精神损失。被告不服，提起上诉。二审法院维持原判。何某和吴某分别得到被告赔偿的精神损失费5000元和3000元。法院判决被告要以书面形式公开向原告何某、吴某赔礼道歉。为怕影响商场声誉，被告与何某、吴某达成协议，需要再赔偿姨甥俩6000元代替公开书面赔礼道歉。

消费者享有个人信息得到保护的权利是2013年修法新增加的内容。一些经营者将通过经营活动获得的消费者身份信息、电话号码、家庭住址、电子邮箱等个人信息泄露给他人，甚至出卖谋利。比如，近期有购房记录的业主，可能会每天接到推销楼盘的来电不下几个，甚至十几个，推销电话一定程度成了“扰民”电话、“闹心”电话、“添堵”电话，影响了心理情绪，分散了精力，更危及个人信息安全。信息泄露严重影响消费者生活安宁，侵害消费者隐私，故法律对此作出了规定。2020年5月，青岛市市场监督管理局严厉查处了一起某房地产销售公司非法使用消费者个人信息的案件。执法人员在检查市北区某楼盘销售中心时，发现女置业顾问王某，正在使用公司提供的信息资料拨打消费者电话推销楼盘，随即对有关情况展开询问核实。调查中发现，负责该楼盘销售的某公司，存有270名登记于其他楼盘场所的消费者信息（姓名、手机号码、经济承受能力）等，通过深挖线索，固定证据，抽丝剥茧，确认消费者不知也未同意个人信息用于他用，该公司行为涉嫌违法违规，有关部门决定立案查处。目前，该案已经终结，根据《中华人民共和国消费者权益保护法》的有关规定，给予当事人公司5万元的行政处罚。

监督权

监督权是上述各项权利的必然延伸，对消费者权利的实现至关重要。监督权的表现，一是消费者有权对经营者进行监督，有权检举、控告侵害消费者权益的行为；二是消费者有权对国家机关及其工作人员进行监督，有权检举、控告在保护消费者权益工作中的违法失职行为；三是消费者有权对保护消费者权益工作提出批评、建议。消费者行使监督权，既是维护自身合法权益的需要，也是人民群众参与国家管理的形式和途径之一。

案例：2000年7月12日13时20分，有人向杭州市工商局12315消费者投诉中心举报：“环城东路××仓库有人正在加工假冒‘阿迪达斯’运动裤。”几分钟后，相关人员赶到现场，查获假冒“阿迪达斯”运动裤9188条、半成品485条，违法经营额达10.7万元。后来市工商局根据《中华人民共和国商标法》，对当事人罚款4.8万元。

据杭州市工商局12315消费者举报投诉中心统计，在每天接到的电话中，有5%是群众对制假、售假的举报。由此可见，已经有部分消费者开始行使自己的监督权。对工商干部调查案件提供线索，对市场、饭店提出服务改良意见，对市场上的售假现象进行积极举报等，都是消费者应当享有的权利。

法条

《中华人民共和国消费者权益保护法》

第七条 消费者在购买、使用商品和接受服务时享有人身、财产安全不受损害的权利。

消费者有权要求经营者提供的商品和服务，符合保障人身、财产安全的要求。

第八条 消费者享有知悉其购买、使用的商品或者接受的服务的真实情况的权利。

消费者有权根据商品或者服务的不同情况，要求经营者提供商品的价格、产地、生产者、用途、性能、规格、等级、主要成份、生产日期、有效期限、检验合格证明、使用方法说明书、售后服务，或者服务的内容、规格、费用等有关情况。

第九条 消费者享有自主选择商品或者服务的权利。

消费者有权自主选择提供商品或者服务的经营者，自主选择商品品种或者服务方式，自主决定购买或者不购买任何一种商品、接受或者不接受任何一项服务。

消费者在自主选择商品或者服务时，有权进行比较、鉴别和挑选。

第十条 消费者享有公平交易的权利。

消费者在购买商品或者接受服务时，有权获得质量保障、价格合理、计量正确等公平交易条件，有权拒绝经营者的强制交易行为。

第十一条 消费者因购买、使用商品或者接受服务受到人身、财产损害的，享有依法获得赔偿的权利。

第十二条 消费者享有依法成立维护自身合法权益的社会组织的权利。

第十三条 消费者享有获得有关消费和消费者权益保护方面的知识的权利。

消费者应当努力掌握所需商品或者服务的知识和使用技能，正确使用商品，提高自我保护意识。

第十四条 消费者在购买、使用商品和接受服务时，享有人格尊严、民族风俗习惯得到尊重的权利，享有个人信息依法得到保护的权利。

第十五条 消费者享有对商品和服务以及保护消费者权益工作进行监督的权利。

消费者有权检举、控告侵害消费者权益的行为和国家机关及其工作人员在保护消费者权益工作中的违法失职行为，有权对保护消费者权益工作提出批评、建议。

消费争议的解决

常见的解决途径

1.消费者与经营者协商和解。这种情况一般适用于双方争议较小，特别是因误解而产生的争议。在平等自愿的基础上，通过解释、谦让及其他补救措施，达到化解矛盾、平息争议的目的。

2.消费者请求消费者协会调解。消费者协会受理投诉后，在调查的基础上，依照法律及公认的商业道德进行调解，如果达不成协议或者事后反悔而拒绝履行，消费者可以向人民法院起诉。

运用和解的形式解决纠纷应该说是上上之策，有助于双方平和、快捷地解决纠纷，但和解协议的内容不得违反法律的强制性规定，经营者不得以不利的条件迫使消费者接受和解。由于和解协议是双方当事人自愿达成的协议，因此其效力不同于法院的裁判或者仲裁机构的裁决，它不具有强制执行的法律效力，只对双方当事人有约束力，如果一方或者双方就和解达成的协议反悔，一方或者双方都可以就纠纷重新通过调解、仲裁或者诉讼途径解决。

3.如果和解不能，那么还可以请第三方组织调解。很多情况下，双方协商和解未果，希望有个第三方出面调停。调解就是调解组织通过说服、疏导等方法，促使当事人在平等协商的基础上自愿达成调解协议，解决民间纠纷的活动。调解这种形式被实践证明是解决消费纠纷最为有效的方式。与协商和解相比，调解因有处于中立地位的第三方参与，双方当事人更容易达成合意；与仲裁、诉讼相比，调解程序简便快捷。在实践中经常有人将和解与调解混同，二者的区别在于：一是行为主体不同。和解是当事人自己协商，解决纠纷；调解是在第三方的主持下，促使双方当事人达成调解协议。二是法律后果不同。和解协议靠当事人双方自觉履行，不能作为人民法院的执行根据；调解协议如果是在法院主持下进行的，其调解书直接具有强制执行的法律效力，如果是通过人民调解委员会调解达成的，经司法确认后具有执行力。

4.消费者还可以向有关行政部门投诉。目前，我国没有一个专门处理消费者投诉的行政机构，而是由不同的政府部门分别承担着受理、处理消费者投诉的职责，如工商行政管理部门、质量监督部门、食品卫生管理部门及各有关行政部门。消费者可以根据自己的情况到相应的管理部门，通过口头、书面或者其他形式陈述、反映自身权益遭受到侵害和损害的事实，请求解决纠纷，赔偿损失。行政部门受理后，依照法律法规，在各自职责范围内对消费纠纷进行调解或者依法处理。比如，根据所涉及的部门，消费者可以选择向物价局、工商局、医药管理局、技术监督局等提出申诉。在这个过程中，消费者可以通过求助行政机关，将争议事实固定下来，并对产品的性质、性状，是否符合国家标准等问题通过有权机构的鉴定形成书面证据，方便下一步仲裁或者诉讼。

5.仲裁，是指当事人根据事先或者事后达成的书面仲裁协议自愿将争议提交仲裁机构裁决以解决争议的一种法律制度。提请仲裁的前提必须是消费者和经营者在纠纷发生前或者发生后达成仲裁协议。仲裁裁决具有强制性，当事人应当履行，否则权利人有权申请人民法院强制执行。仲裁实行一裁终局制度，裁决作出后，除被人民法院裁定撤销或者不予执行外，当事人就同一争议再申请仲裁或者向人民法院起诉的，仲裁委员会或者人民法院不予以受理。

6.诉讼，是指消费者与经营者发生纠纷后，由消费者根据民事诉讼法的有关规定，向人民法院提起民事诉讼，经人民法院审理后，依法作出裁判，以解决消费纠纷的一种方式。它是人民法院代表国家通过行使司法审判权来解决争议的一种途径。人民法院作出的判决或者裁定一经生效，就有国家强制力保证其实施，具有最高的权威性和最终的决定力。需要说明的是，和解、调解、投诉、仲裁不是提起诉讼的必经程序，只要一方认为有必要，就可以直接向法院提起诉讼。无论是仲裁还是诉讼，都需要消费者自行举证。因此，先向行政机关投诉，通过行政机关的职权调查来固定证据是个很有效的方法。

确定赔偿主体

消费纠纷发生后，消费者应当向谁主张赔偿，是首要解决的问题。《中华人民共和国消费者权益保护法》第四十条至第四十五条有明确的规定，后文会列举法条，此处不再赘述。需要特别指出的是，2013年修法时特别增加了网络交易平台提供者的责任。法条规定消费者通过网络交易平台购买商品或者接受服务，其合法权益受到损害的，可以向销售者或者服务者要求赔偿。网络交易平台提供者不能提供销售者或者服务者的真实名称、地址和有效联系方式的，消费者也可以向网络交易平台提供者要求赔偿；网络交易平台提供者作出更有利于消费者的承诺的，应当履行承诺。网络交易平台提供者赔偿后，有权向销售者或者服务者追偿。网络交易平台提供者明知或者应知销售者或者服务者利用其平台侵害消费者合法权益，未采取必要措施的，依法与该销售者或者服务者承担连带责任。

案例：胡某与妻子程某在旅游期间因乘坐在“慕慕网”订购的巴士而双双受伤，遂夫妻二人将慕慕公司和一帆风顺国际旅行社诉至法院。北京市海淀区人民法院审结了此案，法院判决一帆风顺国际旅行社与慕慕公司承担连带赔偿医疗费等各项费用共计60万元。

原告胡某、程某诉称，二人在慕慕公司经营的“慕慕网”电脑端预订了“丽江至泸沽湖往返巴士服务”，网页显示该服务的供应商为“慕慕直销”。两日后，二人乘坐预订的巴士时遭遇交通事故受伤、致残。经交管部门认定，该巴士对此次事故负全部责任。二人为治疗支出了大量费用，因身在外地、情况危急，多名亲属为赶赴云南支出了交通费，故诉至法院，要求慕慕公司与一帆风顺公司赔偿医疗费等共计70万元。

被告慕慕公司辩称，“慕慕网”是第三方平台，胡某、程某所购服务系一帆风顺国际旅行社销售。胡某、程某在注册用户时，已经确认慕慕公司在用户协议中作出的免责声明，即“网站中所展示商品/服务的标题、价格、详情等信息内容，系旅游服务商发布，其真实性、准确性和合法性，均由旅游服务商自行负责”“慕慕网无法控制交易所涉及的旅游产品和服务的质量、安全或合法性，旅游产品或服务信息的真实性或准确性，以及交易各方履行其在交易协议中各项义务的能力”。慕慕公司在胡某、程某所购服务的订购页面已经展示服务供应商为“慕慕直销”，并展示了一帆风顺公司的营业执照。根据慕慕公司与一帆风顺国际旅行社的协议，名为“慕慕直销”的店铺是由一帆风顺国际旅行社经营的，一帆风顺国际旅行社才是预订服务的责任主体。

被告一帆风顺国际旅行社辩称，一帆风顺国际旅行社受千路公司委托、显名代理其旅游服务，在“慕慕网”通过名为“慕慕直销”的店铺销售了程某所购旅游服务，一帆风顺国际旅行社与千路公司已明确约定，消费者的人身、财产等投诉纠纷，由千路公司承担。相应旅游服务系使用程某账户订购的，因此一帆风顺国际旅行社仅与程某订立了预订服务合同。一帆风顺国际旅行社在订购页面已经清晰展示“千路”的商标及千路公司的名称地址，遭遇交通事故后，千路公司的经营者已出面处理并为胡某、程某垫付了部分医疗费，胡某、程某应当知悉旅游服务的实际提供者系千路公司。即便千路公司提供的服务不符合约定，依据《最高人民法院关于审理旅游纠纷案件适用法律若干问题的规定》（2010年）第二十五条的规定，千路公司仅应承担相应责任，而非全部责任。

法院经审理查明，胡某、程某通过慕慕公司经营的“慕慕网”电脑端，预订了“丽江至泸沽湖往返巴士服务”，并向慕慕公司支付了260元。涉诉服务的订单详情显示：该服务的供应商信息为“慕慕直销”，联系方式为“慕慕网”的客服电话，订单详情页首部有“千路”的徽标。另，该订单使用程某的“慕慕网”账户预订，订单列明游客为胡某、程某，取票人为程某。两日后，胡某、程某在乘坐涉诉车辆旅行时，涉诉车辆的所有人及驾驶员蒋某未注意行车安全，致使涉诉车辆撞到水泥挡墙。经交管部门认定，蒋某对此次事故负全部责任。

法院经审理后认为，胡某、程某为共同出游订购旅游服务，并已在订单中列明接受服务的游客为胡某、程某两人，在无相反证据的情况下，应推定胡某、程某共同作出意思表示并签订了旅游服务合同。胡某、程某系使用同一账户、预留一人联系方式下单，但上述做法系便利网上订购的惯常方式，考虑到胡某、程某的身份关系，上述订购方式尚不构成否定胡某合同相对方资格的充分证据。

涉诉服务的订单详情页虽可见“千路”徽标及千路公司的版权信息，但供应商信息处明确列明“慕慕直销”，供应商联系方式亦为“慕慕网”客服电话。按照一般人的通常理解，“直销”即生产者不经过中间环节直接把商品卖给消费者之意，结合胡某、程某将服务对价交付慕慕公司的事实，应认定涉诉服务合同名义上的相对方为慕慕公司。以网上下单方式订立的合同缺乏完整的合同文本，但不宜将辨识合同主体及其背后商业模式的义务强加于普通消费者，即便慕慕公司曾在网页展示一帆风顺国际旅行社的营业执照，其展示方式并非消费者下单时必然可见，且相对于明确的供应商信息，营业执照的展示尚不足以推翻慕慕公司订立合同的外观。

慕慕公司与一帆风顺国际旅行社均认可“慕慕直销”系一帆风顺国际旅行社经营的店铺名称，则涉诉服务的实际提供者为一帆风顺国际旅行社。一帆风顺国际旅行社经慕慕公司允许借用慕慕公司名义签订合同，与慕慕公司形成了挂靠关系，则慕慕公司与一帆风顺国际旅行社应就涉诉服务承担连带责任。一帆风顺国际旅行社与旅游辅助服务者之间的关系应另案处理。即便千路公司确为委托人，胡某、程某选择其受托人（一帆风顺国际旅行社）作为相对方主张权利亦无不当。一帆风顺国际旅行社提供的服务未能保证旅游者的人身安全，致使胡某、程某遭受人身伤害，已经构成违约，应就此承担赔偿实际损失的违约责任。宣判后，双方均未上诉，现该判决已经生效。

可以获得哪些赔偿

消费者在经营者应当承担责任的情况下，可以依法主张造成人身损害的赔偿责任、侵犯人格尊严的弥补、精神损害赔偿责任、造成财产损害的民事责任、预付款后未履约的责任、退货责任和惩罚性赔偿责任。这里笔者举一个曾经办理的例子予以说明。

案例：沈先生在肯德基购买了一杯豆浆、一个汉堡和两碗皮蛋瘦肉粥。快喝完豆浆时，沈先生发现豆浆内有“固形物”。吐出后一看，系黄色半透明凝胶状物体，双方发生争执。2013年12月23日，沈先生向法院提起诉讼，要求肯德基双倍返还购物款12元，并赔偿误工费、精神损害抚慰金等各项损失共计2500元，另外还要求肯德基提供豆浆、汉堡、皮蛋瘦肉粥的主要成分和检验合格证明。肯德基表示愿意对此次事件造成的顾客不快而道歉，并按照豆浆价格的10倍赔偿60元。法院经审理后，对原告主张的赔偿项目逐一作出认定。

法院按原告提供证据判决的项目有：根据购物小票和对方的认可，豆浆货款6元予以退还。因没有证据证明店方具有欺诈故意，故不支持双倍返还。原告主张的误工损失，没有提供相应的证据予以证明，法院不予支持。法院又按照日常生活经验酌定判决支持了部分客观存在的经济损失。关于原告交通费的主张，原告虽未提供明确证据，但其为处理本案纠纷而往来于当地相关部门的交通费支出显然客观存在，主张的交通费100元尚属合理，法院予以认定。事实上，对于交通费，原告没有证据，但原告主张符合一般生活常识，所以法院予以支持。同时，法院又酌定支持了原告的部分非经济损失。原告主张该事件虽未使其致病，但该异物的成分至今没有定论，使其长时间处于忧虑不适状态，并影响了今后对食用豆浆的感受，造成了原告的严重精神损害。法院认为其主张符合一般的经验法则，予以支持。但原告主张的精神损害赔偿金2500元过高，法院酌情认定500元。需要说明的是，该案发生时尚不存在《中华人民共和国食品安全法》的“支付价款十倍或者损失三倍的赔偿金；增加赔偿的金额不足一千元的，为一千元”条款。

该案中，原告基于惩罚性赔偿责任提出双倍返还的诉讼请求，而双倍返还原则在2013年修法中也被“退一赔三”所替代。所谓惩罚性赔偿是指消费者要求经营者在承担正常的赔偿责任外，承担超过消费数额数倍的赔偿责任。该制度设立的目的就是，不仅要使受害消费者所遭受的实际损失得到补偿，而且要让经营者对其欺诈经营行为承担更大的责任、付出更大的代价，从而对其产生惩罚作用，并威慑、警告其他经营者，防止类似或更为严重的商业欺诈行为发生，从而净化市场环境，维护消费者的合法权益。较为常见的惩罚性赔偿有“退一赔三”和“退一赔十”。我国《消费者权益保护法》中的惩罚性赔偿主要适用于除食品安全领域外的消费者权益纠纷，该法第五十五条规定，经营者提供商品或者服务有欺诈行为的，应当按照消费者的要求增加赔偿其受到的损失，增加赔偿的金额为消费者购买商品的价款或者接受服务的费用的三倍；增加赔偿的金额不足500元的，为500元。我国《食品安全法》中的惩罚性赔偿仅适用于与食品安全有关的消费者权益纠纷，该法第一百四十八条规定，生产不符合食品安全标准的食品或者经营明知是不符合食品安全标准的食品，消费者除要求赔偿损失外，还可以向生产者或者经营者要求支付价款十倍或者损失三倍的赔偿金；增加赔偿的金额不足1000元的，为1000元。惩罚性赔偿的数额大多是由法律法规直接规定的，或者由法律法规对惩罚性赔偿的最高数额作出限制，以防止惩罚性赔偿数额的随意性。

案例：2016年5月12日晚，杨某使用Uber App发送用车请求。车主“振威”接受请求后未提供用车服务，却在Uber App上建立行程“19:54从上海市徐汇区梅陇路551号至20:04上海市闵行区虹梅路267号（汽车：双人拼车，公里：2.97公里，行程时间：00:10:14）”，并扣取杨某25.65元车费。后杨某花费52元乘坐出租车前往目的地。当晚杨某即向Uber投诉，Uber表示将退还25.65元车费。杨某提出，除退还车费外，Uber还应承担出租车费差价26.35元并增加赔偿500元，否则将向运管部门举报，并诉诸民事诉讼。Uber未满足杨某的要求，杨某诉至法院。法院生效裁判认为：杨某作为乘客通过Uber软件发送用车请求，司机“振威”在未接到乘客的情况下，自行虚构持续时间超过10分钟、行驶里程达2.97公里之交易，并通过Uber软件扣取车费25.65元。该笔虚构交易所涉金额虽小，然性质实属恶劣，欺诈之故意明显。虽然此系司机的个人行为，但正如前所述，相对乘客杨某而言，司机是履行Uber公司的合同义务，实为Uber公司合同义务的履行辅助人。因此，司机欺诈行为之法律后果应由Uber公司承担。现25.65元已由Uber公司退还，杨某的上诉请求根据我国《消费者权益保护法》第五十五条之规定增加赔偿其损失500元，合法有据，法院予以支持。判决被告支付杨某人民币500元。

案例：陶某先后在淮南市某大型连锁超市及其下设分店购买了“八公山豆制品礼盒”等19盒，共计3278元。陶某食用时发现，生产该礼盒的淮南市某豆制品厂已于2017年6月28日被吊销营业执照，所购买商品标注的生产许可证号也已经过期。一审法院经审理查明，涉案食品的生产许可证号分别至2017年2月、7月到期，该19盒食品标注的生产日期在2017年10月7日至12月1日之间。超市在该类食品进入卖场前，未尽到审查义务，致使不符合安全标准的食品在其卖场内对外出售，属于销售明知是不符合安全标准的食品。根据《中华人民共和国食品安全法》之规定，销售明知是不符合安全标准的食品，消费者除要求赔偿损失外，还可以向生产者或者销售者主张支付价款十倍赔偿金。一审法院判决某超市退还陶某购物款3278元，一次性赔偿陶某32780元。该超市不服一审判决，提起上诉称，涉案食品生产许可证虽已过期，但食品的保质期并未过期，只属于食品销售的瑕疵问题，不属于明知是不符合安全标准的食品仍然销售的情形。二审法院经审理认为，某超市作为大型连锁超市，食品销售是其主营内容之一，应按规定建立食品安全管理制度，进货时应尽到严格的审查义务，查验生产许可证和相关证明文件、出厂检验记录等，以确保所销售的食品达到法律规定的安全标准。因某超市未尽审查义务，销售不符合安全标准的食品，应当承担退一赔十的民事赔偿责任。遂依法驳回上诉，维持原判。

法条

《中华人民共和国消费者权益保护法》

第三十九条 消费者和经营者发生消费者权益争议的，可以通过下列途径解决：

（一）与经营者协商和解；

（二）请求消费者协会或者依法成立的其他调解组织调解；

（三）向有关行政部门投诉；

（四）根据与经营者达成的仲裁协议提请仲裁机构仲裁；

（五）向人民法院提起诉讼。

第四十条 消费者在购买、使用商品时，其合法权益受到损害的，可以向销售者要求赔偿。销售者赔偿后，属于生产者的责任或者属于向销售者提供商品的其他销售者的责任的，销售者有权向生产者或者其他销售者追偿。

消费者或者其他受害人因商品缺陷造成人身、财产损害的，可以向销售者要求赔偿，也可以向生产者要求赔偿。属于生产者责任的，销售者赔偿后，有权向生产者追偿。属于销售者责任的，生产者赔偿后，有权向销售者追偿。

消费者在接受服务时，其合法权益受到损害的，可以向服务者要求赔偿。

第四十一条 消费者在购买、使用商品或者接受服务时，其合法权益受到损害，因原企业分立、合并的，可以向变更后承受其权利义务的企业要求赔偿。

第四十二条 使用他人营业执照的违法经营者提供商品或者服务，损害消费者合法权益的，消费者可以向其要求赔偿，也可以向营业执照的持有人要求赔偿。

第四十三条 消费者在展销会、租赁柜台购买商品或者接受服务，其合法权益受到损害的，可以向销售者或者服务者要求赔偿。展销会结束或者柜台租赁期满后，也可以向展销会的举办者、柜台的出租者要求赔偿。展销会的举办者、柜台的出租者赔偿后，有权向销售者或者服务者追偿。

第四十四条 消费者通过网络交易平台购买商品或者接受服务，其合法权益受到损害的，可以向销售者或者服务者要求赔偿。网络交易平台提供者不能提供销售者或者服务者的真实名称、地址和有效联系方式的，消费者也可以向网络交易平台提供者要求赔偿；网络交易平台提供者作出更有利于消费者的承诺的，应当履行承诺。网络交易平台提供者赔偿后，有权向销售者或者服务者追偿。

网络交易平台提供者明知或者应知销售者或者服务者利用其平台侵害消费者合法权益，未采取必要措施的，依法与该销售者或者服务者承担连带责任。

第四十五条 消费者因经营者利用虚假广告或者其他虚假宣传方式提供商品或者服务，其合法权益受到损害的，可以向经营者要求赔偿。广告经营者、发布者发布虚假广告的，消费者可以请求行政主管部门予以惩处。广告经营者、发布者不能提供经营者的真实名称、地址和有效联系方式的，应当承担赔偿责任。

广告经营者、发布者设计、制作、发布关系消费者生命健康商品或者服务的虚假广告，造成消费者损害的，应当与提供该商品或者服务的经营者承担连带责任。

社会团体或者其他组织、个人在关系消费者生命健康商品或者服务的虚假广告或者其他虚假宣传中向消费者推荐商品或者服务，造成消费者损害的，应当与提供该商品或者服务的经营者承担连带责任。

第四十八条 经营者提供商品或者服务有下列情形之一的，除本法另有规定外，应当依照其他有关法律、法规的规定，承担民事责任：

（一）商品或者服务存在缺陷的；

（二）不具备商品应当具备的使用性能而出售时未作说明的；

（三）不符合在商品或者其包装上注明采用的商品标准的；

（四）不符合商品说明、实物样品等方式表明的质量状况的；

（五）生产国家明令淘汰的商品或者销售失效、变质的商品的；

（六）销售的商品数量不足的；

（七）服务的内容和费用违反约定的；

（八）对消费者提出的修理、重作、更换、退货、补足商品数量、退还货款和服务费用或者赔偿损失的要求，故意拖延或者无理拒绝的；

（九）法律、法规规定的其他损害消费者权益的情形。

经营者对消费者未尽到安全保障义务，造成消费者损害的，应当承担侵权责任。

第四十九条 经营者提供商品或者服务，造成消费者或者其他受害人人身伤害的，应当赔偿医疗费、护理费、交通费等为治疗和康复支出的合理费用，以及因误工减少的收入。造成残疾的，还应当赔偿残疾生活辅助具费和残疾赔偿金。造成死亡的，还应当赔偿丧葬费和死亡赔偿金。

第五十条 经营者侵害消费者的人格尊严、侵犯消费者人身自由或者侵害消费者个人信息依法得到保护的权利的，应当停止侵害、恢复名誉、消除影响、赔礼道歉，并赔偿损失。

第五十一条 经营者有侮辱诽谤、搜查身体、侵犯人身自由等侵害消费者或者其他受害人人身权益的行为，造成严重精神损害的，受害人可以要求精神损害赔偿。

第五十二条 经营者提供商品或者服务，造成消费者财产损害的，应当依照法律规定或者当事人约定承担修理、重作、更换、退货、补足商品数量、退还货款和服务费用或者赔偿损失等民事责任。

第五十三条 经营者以预收款方式提供商品或者服务的，应当按照约定提供。未按照约定提供的，应当按照消费者的要求履行约定或者退回预付款；并应当承担预付款的利息、消费者必须支付的合理费用。

第五十四条 依法经有关行政部门认定为不合格的商品，消费者要求退货的，经营者应当负责退货。

第五十五条 经营者提供商品或者服务有欺诈行为的，应当按照消费者的要求增加赔偿其受到的损失，增加赔偿的金额为消费者购买商品的价款或者接受服务的费用的三倍；增加赔偿的金额不足五百元的，为五百元。法律另有规定的，依照其规定。

经营者明知商品或者服务存在缺陷，仍然向消费者提供，造成消费者或者其他受害人死亡或者健康严重损害的，受害人有权要求经营者依照本法第四十九条、第五十一条等法律规定赔偿损失，并有权要求所受损失二倍以下的惩罚性赔偿。

《中华人民共和国食品安全法》

第一百四十八条 消费者因不符合食品安全标准的食品受到损害的，可以向经营者要求赔偿损失，也可以向生产者要求赔偿损失。接到消费者赔偿要求的生产经营者，应当实行首负责任制，先行赔付，不得推诿；属于生产者责任的，经营者赔偿后有权向生产者追偿；属于经营者责任的，生产者赔偿后有权向经营者追偿。

生产不符合食品安全标准的食品或者经营明知是不符合食品安全标准的食品，消费者除要求赔偿损失外，还可以向生产者或者经营者要求支付价款十倍或者损失三倍的赔偿金；增加赔偿的金额不足一千元的，为一千元。但是，食品的标签、说明书存在不影响食品安全且不会对消费者造成误导的瑕疵的除外。

依法维权的边界

生活中，消费维权高额索赔不成反被控敲诈勒索的案例并不鲜见。最著名的当属黄某“天价索赔案”。

案例：2006年2月，黄某花20900元购买了一台华硕笔记本电脑。据黄某方面介绍，这台电脑在使用中出现了问题，后来经过检测是由于使用了测试版的处理器，黄某的代理人周某宇向华硕公司索赔500万美元。华硕公司以敲诈勒索为由报案，黄某在看守所被关押近10个月。北京市海淀区人民检察院在2007年11月9日以证据不足为由对黄某作出不起诉的决定，认定黄某的行为属于“维权过度”，但不是“敲诈勒索犯罪”；又于2008年9月作出《刑事赔偿确认书》：“黄某在自己的权益遭到侵犯后以曝光的方式索赔，并不是一种侵权行为，反而是一种维权行为，索要500万元美金属于维权过度但不是敲诈勒索。”2015年5月8日，华硕“天价索赔案”的“女主角”黄某在北京市海淀区人民检察院领取了共计29197.14元的国家赔偿金，这是对她被错误羁押295天的“补偿”。黄某的代理人表示，将把这笔钱捐赠给中华慈善总会。可见，天价索赔只是“维权过度”的问题，媒体曝光也不等于“威胁或要挟”，本质上都属于消费维权范畴，并不触及刑法。基于合法权益被侵犯的“天价索赔”，不等于敲诈勒索；“过度维权”行为也有民事法律规制，只有社会危害性足够严重才能动用刑罚。

与之相反，另一件在网上沸沸扬扬的“今麦郎天价索赔案”，消费者最后以身陷囹圄告终。

案例：2014年12月中旬，货车司机李某峰在去长春送货途中购买了4包今麦郎诱惑酸辣牛肉面充饥，食用后伴有腹泻。他在方便面醋包里发现一块类似“玻璃块”的物质，打开另一包发现异物更多，并注意到4包方便面的保质期都已过将近一年。2015年1月，李某峰在网上找到第三方检测机构对方便面醋包进行了检测，检测报告显示醋包内汞含量超标4.6倍（GB2762-2012）。李某峰随后将检测结果寄给今麦郎公司要求理赔。多次协商后，今麦郎公司最终表示赔偿李某峰7箱方便面和电话费用。李某峰不接受，并表示其母亲患乳腺癌与经常吃今麦郎方便面有关系，于是提出了“惩罚性的”300万元赔偿金，后追加至500万元，最后又减少到450万元。在无法与今麦郎公司达成一致的情况下，李某峰从2015年3月23日开始，在自己的微博上发布了18条攻击今麦郎的微博。其中，提到“我妈妈因家里工作原因长期食用方便面导致患上乳腺癌！最小的癌症患者不到3岁！下面为大家发上检测结果和病历报告！劝大家远离今麦郎黑心企业！”李某峰此后承认，他妈妈患癌的内容为虚构事实，这么做就是想恶心一下今麦郎公司。2015年3月27日，今麦郎公司报警，并在其官方微博上解释了报警的原因：“李某峰要求巨额赔偿未果之后，在国内知名的8家网站上多次恶意发布今麦郎方便面吃后致癌、长肿瘤等不符合事实的虚假信息，其虚构的言论和信息对公司造成非常恶劣的影响。经过多次交涉和制止未果，李某峰依然在网上恶意造谣诽谤，出于无奈，我们被迫选择向警方报警。”经过刑事侦查、公诉后，河北省邢台市隆尧县人民法院作出一审判决，被告人李某峰犯敲诈勒索罪，被判处有期徒刑8年6个月，并处罚金人民币2万元。

为什么定李某峰敲诈勒索罪？根据我国《刑法》，敲诈勒索罪是指以非法占有为目的，对被害人使用威胁或要挟的方法，强行索要公私财物的行为。当李某峰在微博上说他母亲所患的癌症与吃今麦郎公司方便面有关系时，整个案件的性质就变了。法院的判决书查明：认定被告人“明知检测机构无资质”，所以李某峰手中的检测报告内容失实。此外，判决书指出，被告人在食用一包今麦郎方便面后身体不适，向今麦郎公司索要300万元进而索要450万元的巨额赔偿，不能认为被告人是出于真诚的合理相信。即使被告人确因缺陷产品造成损害，其提出巨额赔偿亦应具有合理理由，其主观确信的赔偿数额亦应与社会观念相符，索赔数额不能超出社会观念容忍的程度。但本案被告人使用胁迫手段索要的财物明显超出了其正当利益实现后可能确定的债权范围，故应认为被告具有非法占有今麦郎公司财物的主观故意。李某峰购买食用的方便面已过保质期将近一年，当然，他也有权向销售过期产品的商家主张赔偿，甚至是“天价”赔偿。可是，他却拿着过期近一年的食品进行检测，在常识判断中，基于过期样本作出的检测结果显然不能说明食品生产者的产品存在问题。李某峰被判决有罪，但直接原因并非他索取天价赔偿，也不是他要找媒体曝光，而在于他歪曲了事实，故意将过期食品存在问题与今麦郎食品致癌相混同，维权方式上的违法性导致其民事维权基础丧失了合法性，最终需承担刑事责任。

由上述两个结果相反的案件，我们可以得出，“天价索赔”和“敲诈勒索”仅一步之遥。一个合法的索赔诉求应该具有三个方面的正当性：第一，权利基础正当，即消费者权利确实受到真实的侵害，行为人维权的基础条件是正当的。第二，购买商品的目的正当。正当维权行为人购买商品的目的一般是正常的消费。如果行为人明知对方的商品具有瑕疵而购买，意欲凭此财物从对方处获得数额较大的财物，则其行为的目的不具有正当性。第三，索赔的方式正当。所谓正当的方式即上述法律法规规定的索赔方式，如与销售商协商和解，第三方组织调解，向仲裁机构提起仲裁或向人民法院提起民事赔偿诉讼等。如果采取以暴力相威胁或虚构事实等不正当方式索赔，则可能涉嫌犯罪。

法条

《中华人民共和国刑法》

第二百七十四条 敲诈勒索公私财物，数额较大或者多次敲诈勒索的，处三年以下有期徒刑、拘役或者管制，并处或者单处罚金；数额巨大或者有其他严重情节的，处三年以上十年以下有期徒刑，并处罚金；数额特别巨大或者有其他特别严重情节的，处十年以上有期徒刑，并处罚金。

发生道路交通事故该怎么办

——道路交通安全法律相关问题和解答

“车祸猛于虎也。”现代社会，你开车或是不开车，可能都避免不了惹上机动车交通事故纠纷。本章节中笔者将根据在审理机动车交通事故责任纠纷案件中的审判实践，结合现实的案例，针对交通事故现场处理、事故发生后的损害赔偿、诉讼中的策略、车辆保险购买额度等问题，给你一些实务上的建议。以期事故发生时，是行人的你能够最大限度地维护自己的权益，是司机的你能够尽可能获得保险公司的赔偿。

什么是道路交通事故

交通事故是指车辆在道路上因过错或意外造成人身伤亡或者财产损失的事件。道路交通事故不仅可以由不特定的人员违反道路交通安全法规造成，也可以由地震、台风、山洪、雷击等不可抗拒的自然灾害造成。

对于理解交通事故，以下情况需注意。

（一）不发生在道路上的事故

道路是指公路、城市道路和虽在单位管辖范围但允许社会机动车通行的地方，包括广场、公共停车场等用于公众通行的场所。封闭小区内的道路、厂区内的道路，或者尚未正式开通的、修建中的道路，不属于道路交通安全法中的道路。在这些地方发生的交通事故，不属于道路交通安全法中的交通事故，可以根据具体情况参照交通事故处理。

案例：2012年10月5日，一处正在建设的楼盘，除让装载水泥、砂石、钢筋的大型货车进入施工地段外，暂未允许其他社会车辆进入工地。某日，王某驾驶一辆小型轿车经过该楼盘，并私自进入该楼盘施工地段。不料，在一拐弯处因避让不及，王某与一辆装载砂石的大货车相撞，导致王某受伤、两车受损的事故。交管部门经勘查认为，该楼盘施工路段属未竣工路段，且并未移交公安交通部门管理，王某的私自驾车进入行为不能使其成为公共通用的道路，故该起事故不宜认定为机动车交通事故。

案例：姜某在某小区购买了商品房，并附带了一车库。2013年2月，姜某在将车辆倒出车库的时候，因视觉盲点，未能发现在车后玩耍的小孩李某，将李某撞伤。交管部门经勘查认为该起事故发生地点为姜某的私人车库，空间相对密闭，也无其他社会车辆通行的条件，故该事故不应认定为机动车交通事故。

（二）必须是行为人违反道路交通安全法律法规引起事故发生，行为人对于事故的发生主观上是过失

怎么理解呢？就是违法行为人可能是故意违法，如故意闯红灯，但是闯红灯撞上人则不是他追求的。比如，某人驾驶车辆在路上行驶，发现前方系一仇人，于是将被害人撞倒。此时其对事故的发生是故意追求的结果，因此不构成交通事故，其构成故意伤害或是故意杀人。

案例：2001年，孙某某被一辆出租车撞伤，事发后司机给了他200元，自此他尝到了“碰瓷”的甜头。在接下来的9年时间里，孙某某“碰瓷”达上千起，受害司机158名，“碰瓷”收入达到13万余元。其作案手法为，一般都在右转弯的路口，推着自行车佯装过马路，当有汽车向右拐的时候，瞅准时机将自行车推到汽车上，然后自己摔倒在地，由此要求汽车驾驶人赔偿医疗费等各项费用。其中有2/3的司机会当场给孙某某几百元至几千元不等的钱私了，有1/3的司机会带他去医院检查，最后因为太麻烦而订协议私了。孙某某故意碰撞机动车，并骗取相应的金钱赔偿，不应当按照《道路交通安全法》处理，而应当按照《中华人民共和国刑法》处置。2010年，孙某某因构成诈骗罪，被北京市东城区人民法院判处有期徒刑7年，并处罚金7000元。

（三）有一些情况看上去符合道路交通事故的定义，但实质上并非指向

道路交通安全法立法目的中保护的法益

案例：彭某在修建自己的房屋时，由于建筑所用材料钢丝需要拉直，于是让正在帮自己运送墙砖的人开车帮忙将钢丝拉直。在驾驶小卡车拉直钢丝的过程中，钢丝弹起将一旁的彭某打伤，彭某经抢救无效死亡。该事件中，受到侵害的并非交通通行秩序，而是安全生产秩序。故该事故也不属于交通事故，而属于安全生产事故。

法条

《中华人民共和国民法典》

第一千二百零八条 机动车发生交通事故造成损害的，依照道路交通安全法律和本法的有关规定承担赔偿责任。

《中华人民共和国道路交通安全法》

第一条 为了维护道路交通秩序，预防和减少交通事故，保护人身安全，保护公民、法人和其他组织的财产安全及其他合法权益，提高通行效率，制定本法。

第二条 中华人民共和国境内的车辆驾驶人、行人、乘车人以及与道路交通活动有关的单位和个人，都应当遵守本法。

道路交通事故处理意识与核心环节

交通事故发生，一般按下图流程处理：

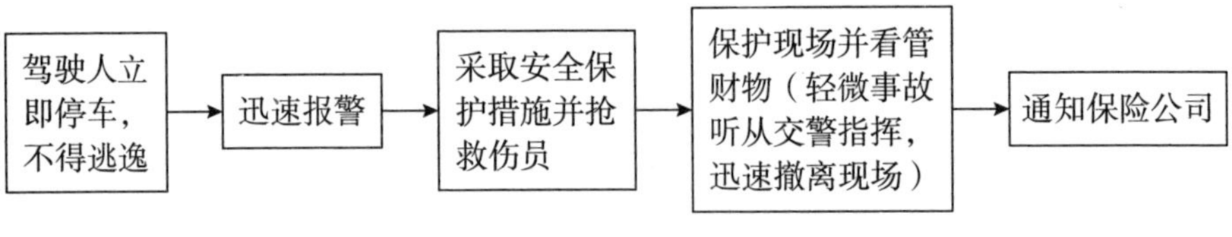

在这里我们要特别强调：一定不能随便离开现场！

案例：傍晚时分，天色已暗，但路灯尚未亮起。一名外来务工人员醉酒，在路边耍酒疯，最后趴在机动车道上睡着了。多辆私家车经过发现该情况，从旁边车道绕行，部分司机报了警。在警察赶到之前，一辆红色本田轿车速度较快，未发现该情况，直接从醉汉身上碾轧而过，扬长而去。后面一车辆加油门追了上去，超车并行后摇下车窗，对肇事车驾驶员喊话："你的车轧人了！"肇事司机置之不理，加速逃离。半小时后救护车赶到，醉汉已经死亡。6个小时后，肇事司机在亲属陪同下到公安机关自首。

可以看到，发生事故时，醉汉在机动车道上睡觉，对事故的发生有重大过错，应当承担主要责任；机动车未注意避让，应承担次要责任（因为具有避让的可能）。此时如果司机下车报警，由于其并不存在严重违反道路交通管理法规的行为，即无须承担刑事责任，民事责任也最多对等，损失完全可以由保险公司偿付，可以说没啥大事。但司机一旦逃逸，事情就大了：（1）可能会被定全责。在交通事故中，肇事司机可能无责任或只有部分责任，但如果逃逸，导致交通事故责任无法认定，司机就要承担交通事故的全部责任。（2）无法向保险公司索赔。如肇事车辆投保了第三者责任强制保险，发生交通事故后赔偿时，保险公司有先予支付的义务；但如果肇事车辆逃逸，按保险合同约定，保险公司就不再承担保险责任，车主要承担全部赔偿费。（3）原本已经构成交通肇事罪的，加重处罚。

道路交通事故发生后，当事人需要有如下几个关键意识。

1.报警意识。事故发生后当事人应立即向警方报案，由交通警察对现场进行勘查、清理。如果事故轻微，双方对事故责任没有争议，也建议电话报警，由警方对事故发生时间和责任进行记录，然后撤离现场。在司法实践中，由交管部门出具的交通事故认定书是法院审理机动车交通事故责任纠纷案件的重要证据之一，尤其在双方对事故现场、车辆损失等问题存在较大争议时，交通事故认定书往往能对法官查明事实发挥重要的作用。

2.取证意识。发生事故后致人伤亡的，不得不挪动伤者前，可利用手机或其他摄影器材及时拍照、录影存证。对于需要送往医院的，非紧急情形不可使用肇事车辆运送伤者，以免破坏现场，影响交警判断事故责任。以简易程序处理的交通事故录像保存期限较短，当事人可在事故发生后及时向交管部门申请复制录像保存。自己的车尽量安装行车记录仪，可以避免很多麻烦。

3.保险意识。无论当事人是否自行协商解决赔偿事宜，都应及时通知保险公司，并要求保险公司尽量到现场勘验。考虑到来年保费可能上涨的问题，也可以让查勘员给你建议，如果不合算可以不出险。如果事故轻微、责任清楚，事故双方也可以私了。但需要注意的是，如果事故造成了人身损害，在经过全面的医学检查之前，不能协商处理，最好走正规程序，以避免不必要的纠纷和损失。笔者办过如下一个案件。

案例：韩某驾驶机动车与李某驾驶的电动车发生碰撞，造成李某大腿受伤、电动车损坏的事故。事故发生后，韩某自认全责，并送李某去医院。在医院简单处理后，李某拒绝进行B超等进一步检查，反而表示腿上是皮外伤，养一养就会好了，要求和韩某私了。于是韩某和李某签订协议一份，协议载明：韩某一次性赔偿李某4000元，此次纠纷了结。3个月后，李某逐渐觉得视力下降，几近失明。到医院检查后，医生判断其在交通事故中头部曾受到一定冲击，与当前的视网膜脱落有一定因果关系。后李某又向韩某索赔，被拒绝后又将其告上法庭。这个案件就是双方当事人对人身损害的风险和后果缺乏充分预见，在没有做充分医学检查的情况下，做了不正确的处置。

一般协商处理后，可以按照以下格式对协议内容进行书面化。

甲方：韩某　　　身份证号码：××××××××××××××××××

联系方式：×××××××××××

乙方：李某　　　身份证号码：××××××××××××××××××

联系方式：×××××××××××

××年××月××日，韩某驾驶机动车与李某驾驶的电动车发生碰撞，造成李某大腿受伤、电动车损坏的事故。事故后，韩某带李某到××医院检查后，发现李某除腿部擦伤，无其他因本次事故引起的身体损伤和器官功能障碍。遂双方达成如下赔偿协议。

甲方一次性赔偿乙方营养费、诊疗费、误工费等共计人民币×××元（不含已在医院检查时支付的费用）。该赔偿款项在该协议签订时当场一次性支付。本协议是一次性终结赔偿协议，在甲方完全支付乙方费用后，今后乙方不得再以本次事故的任何理由向甲方主张权利，甲方也不承担任何赔偿责任，但双方存有重大误解、显失公平除外。

本协议自双方当事人签字后生效。

甲方：（签名）　　　　　　　　乙方：（签名）

见证人（如有）：（签名）

此外，自行协商私了事故，还需要注意两点：一是防止肇事人逃逸。有些侵权人不想承担赔偿责任或者双方对协商金额存在争议时，侵权人趁受害人与其协商时放松了警惕而突然驾车逃逸，以致受害人索赔无门。二是在双方已达成赔偿协议时，一定要核实对方的身份证件，确保协议内容为其本人签字署名，并留下其联系方式。因此，在事故发生后及时用手机拍摄现场和对方车辆、司机相貌以及相关证件是必要的取证手段。如果遇到机动车无号牌、无检验合格标志、无保险标志的，驾驶人无有效机动车驾驶证的；机动车驾驶人饮酒、服用国家管制的精神药品或者麻醉药品的，请立即报警，不能私下协商解决纠纷。

法条

《中华人民共和国道路交通安全法》

第七十条　在道路上发生交通事故，车辆驾驶人应当立即停车，保护现场；造成人身伤亡的，车辆驾驶人应当立即抢救受伤人员，并迅速报告执勤的交通警察或者公安机关交通管理部门。因抢救受伤人员变动现场的，应当标明位置。乘车人、过往车辆驾驶人、过往行人应当予以协助。

在道路上发生交通事故，未造成人身伤亡，当事人对事实及成因无争议的，可以即行撤离现场，恢复交通，自行协商处理损害赔偿事宜；不即行撤离现场的，应当迅速报告执勤的交通警察或者公安机关交通管理部门。

在道路上发生交通事故，仅造成轻微财产损失，并且基本事实清楚的，当事人应当先撤离现场再进行协商处理。

道路交通事故责任主体的认定

对于责任不清，双方不能达成一致的事故，如果进入诉讼，第一件事就是确定谁是责任主体，其核心标准是谁对车辆的运行享有支配控制权和车辆运行的利益归属。

案例：黄某某买下了王某的一辆面包车进行运营，但未实际过户，后发生交通事故。二审法院判决认为，发生交通事故时案涉车辆在黄某某控制之下，黄某某对车辆具有绝对的经营管理权和利益支配权。王某不是实际控制人，也不是经营合伙人，而且未参与车辆运行和支配，也未从中获取任何利益。且受害人缪某在庭审中已明确表示对上述事实没有异议。因此，原判以不能认定案涉车辆的所有权、控制权已实际转移给黄某某或该车辆的运行利益已经实际由黄某某取得为由，判令王某对缪某因道路交通事故所造成的损失承担赔偿责任错误，二审予以纠正，相关赔偿责任应当由黄某某承担。

案例：2013年3月，黄某驾驶一厢式货车往福州方向行驶，途经福银高速公路时，车辆右侧车厢碰上因故停于慢车道与应急车道之间的一辆中型普通货车左后部及驾驶人王某，造成受害人死亡、两车不同程度受损的道路交通事故。本次事故经交警认定，黄某承担主要责任，受害人王某承担次要责任。厢式货车的登记车主为某物流公司，实际为该车挂靠于该物流公司。最后法院认定物流公司在本次事故中也应承担责任。法院经审理认为，黄某采取分期付款的方式向物流公司购买货车，并从事运输行业，由物流公司收取管理费，应认定为以挂靠形式从事道路运输经营活动。故按照法律规定，物流公司应对黄某承担连带赔偿责任。

因此，确定交通事故的损害赔偿责任主体，应当从是否对肇事车辆的运行享有事实上的支配管理权和是否从该机动车的运行本身获得了利益两个方面加以判断。基于上述原则，结合审判实践中遇到的各种情况，大致可将交通事故损害赔偿的义务主体确定如下。

1.肇事车辆系私车，且车主就是驾驶员的，因车主既是车辆的支配者，又是车辆运行的收益者，故应以车主为被告承担交通事故的损害赔偿责任。

2.肇事车辆是单位的，若驾驶员在执行职务过程中发生交通事故，则拥有该车辆的单位是被告；若驾驶员非在执行职务过程中发生交通事故，则应列驾驶员和车辆单位为共同被告，由车辆单位承担连带责任。

3.肇事车辆是个体工商户、农村承包经营户、个人合伙组织或私营企业主的，雇佣驾驶员在从事雇佣活动中发生交通事故致人损害或自身受到损害的，则列雇主为被告；若驾驶员在从事非雇佣活动中发生交通事故致人损害的，则应列驾驶员和雇主为共同被告，由雇主承担连带责任。

4.肇事车辆在被承包、租赁期间发生交通事故，虽然经营方式改变了，但车辆权属并没有改变，车主也是车辆运行的受益人，故应列车主和承包人、承租人为共同被告，由承包人、承租人承担赔偿责任，车主承担连带责任。如果承租人未经车主同意擅自转包、转租或借与第三人发生交通事故，则应列承包人、承租人和第三人及车主为共同被告，车主承担连带责任。

5.对因出借车辆而发生交通事故的，由于借车人和出借人对车辆运行均享有支配权和利益获取权，故应列借车人与出借人为共同被告，由借车人承担赔偿责任，出借人承担连带责任。

6.车辆送交他人维修、保管期间，因车辆的占有控制权已转移到维修人或保管人手里，车辆所有人已失去了对车辆的实际控制和支配，维修人或保管人在擅自开车时取得了运行支配权和利益获得权，如果发生交通事故，则应列维修人或保管人为被告承担赔偿责任；如果维修人或保管人运行车辆是经过车主同意的，则应列维修人或保管人和车主为共同被告，由维修人或保管人承担赔偿责任，车主承担连带责任。

7.机动车作为质押物质押给债权人为债的担保期间，质权人或者质权人的受雇人擅自动用质押车辆发生交通事故的，应以质权人为被告承担相应的损害赔偿责任。这是因为，质押人将机动车出质期间已丧失了对车辆的实际支配权，支配权和运营收益权已转移到质权人手中，且根据《中华人民共和国民法典》的有关规定，质权人不得擅自动用质押物，如质权人将质押车辆用于运行，本身就具有违法性，让质权人承担损害赔偿责任也是公平的。

8.肇事车辆私购挂公、甲购挂乙的，这种做法造成了车籍的不真实，且被挂靠单位往往收取管理费或分享盈利，应列挂靠人和被挂靠单位为共同被告。

法条

《中华人民共和国民法典》

第一千二百零九条 因租赁、借用等情形机动车所有人、管理人与使用人不是同一人时，发生交通事故造成损害，属于该机动车一方责任的，由机动车使用人承担赔偿责任；机动车所有人、管理人对损害的发生有过错的，承担相应的赔偿责任。

第一千二百一十条 当事人之间已经以买卖或者其他方式转让并交付机动车但是未办理登记，发生交通事故造成损害，属于该机动车一方责任的，由受让人承担赔偿责任。

第一千二百一十一条 以挂靠形式从事道路运输经营活动的机动车，发生交通事故造成损害，属于该机动车一方责任的，由挂靠人和被挂靠人承担连带责任。

第一千二百一十二条 未经允许驾驶他人机动车，发生交通事故造成损害，属于该机动车一方责任的，由机动车使用人承担赔偿责任；机动车所有人、管理人对损害的发生有过错的，承担相应的赔偿责任，但是本章另有规定的除外。

道路交通事故责任划分

发生道路交通事故后，未投保交强险的机动车所有人应首先在交强险限额范围内承担赔偿责任，余下的损失按照过错大小划分责任。机动车驾驶人违反法律规定，未购买机动车交强险的，承担交强险项下的赔偿责任。如果其依法购买了交强险，该责任可由保险机构承担。由此可见，购买保险是非常重要的。

案例：2009年许某鹤驾驶未投保交强险的轿车并道时，与违法翻越中心隔离护栏的王某芝发生交通事故。王某芝倒地受伤，造成右下肢受伤。现场勘查显示，许某鹤所驾车辆停在中心隔离栏边的第一条车道，车辆左前部紧挨中心隔离栏，左前轮压着中心隔离栏桩基，车辆与隔离栏呈约45°夹角。许某鹤称王某芝属跨越护栏时被绊自行摔伤，与己无关。因无现场证人及直接证据，当地交管部门出具的交通事故证明并未对该起事故责任予以划分。王某芝起诉请求医疗费、残疾赔偿金、护理费等16万余元。二审期间，经王某芝申请并经征询双方意见，审理法院依法选择相关司法鉴定机构对王某芝的伤情成因进行了鉴定，鉴定意见为：王某芝右膝部损伤符合较大钝性外力直接作用所致，该损伤单纯摔跌难以形成，遭受车辆撞击可以形成。二审法院认为，上述证据形成了完整的证据链，足以认定王某芝的腿伤系许某鹤驾车行为所致；许某鹤称王某芝属自行摔伤，其停车救助的理由不能成立。许某鹤驾驶机动车未尽高度谨慎的安全注意义务，应承担40%的过错责任；王某芝违反《中华人民共和国道路交通安全法》有关“行人不得跨越、倚坐道路隔离设施”的规定，应承担60%的过错责任。因许某鹤未履行交强险之法定投保义务，法院根据《中华人民共和国道路交通安全法》及交强险的有关规定，判决许某鹤于交强险赔偿限额内（医疗费赔偿限额1万元，死亡伤残赔偿限额11万元）赔偿王某芝10.7万余元。

在该案例中，许某鹤曾经在网络上大肆炒作该案系冤案，主张自己碰都没有碰对方一下就要赔偿十几万元。而事实上，如果他能依法购买相应的保险，损失完全可以由保险公司承担，为了省下保险费而存有侥幸心理，最后因小失大。

机动车发生交通事故造成人身伤亡、财产损失的，由保险公司在机动车第三者责任强制保险责任限额范围内予以赔偿；不足的部分，按照下列规定承担赔偿责任：

机动车		行人、非机动车	
事故责任	赔偿比例（%）	事故责任	赔偿比例（%）
全部责任	100	无过错	0
主要责任	70—90	次要责任	10—30
同等责任	60	同等责任	40
次要责任	20—50	主要责任	50—80
无过错	10	全部责任	90

交通事故赔偿责任的划分建立在交通事故责任认定的基础之上。交通事故责任通常分为五级：全部责任、主要责任、同等责任、次要责任和无责任。事故发生后，警方会出具道路交通事故认定书，对责任进行定性。如果当事人对道路交通事故认定有异议，可以自道路交通事故认定书送达之日起三日内，向上一级公安机关交通管理部门提出书面复核申请。如果复核仍然维持原认定，则可以通过民事诉讼解决。人民法院在诉讼中可以将道路交通事故认定书作为民事证据予以评判，决定采纳或是不采纳。

案例：一辆汽车和一辆摩托车发生碰撞，摩托车驾驶员腿受伤。交警判定摩托车承担次要责任，理由是摩托车方骑车未戴头盔违法，存在过错。

在民事诉讼的审理过程中，摩托车驾驶员对责任划分不服，提出异议。法院经审理后认为，摩托车方骑车未戴头盔违法，但该违法行为和事故发生以及损害结果的造成没有因果关系。判定机动车方承担事故全部责任。这就是法院改变事故责任认定的一个例子。

案例：2008年12月7日，被告胡某某驾驶的赣A×××××号出租轿车由东往西行驶至进贤县沮圳镇龙家桥320国道时在下坡路段路面变窄时，遇前方大货车减速，胡某某的车辆也减速行驶并从行车道驶入超车道。此时，刘某某驾驶赣AC××××号小客车，与同向行驶的胡某某驾驶的赣A×××××号出租轿车发生尾部相撞，造成两车受损，刘某某及其车内乘车人熊某某、何某某不同程度受伤的交通事故。2008年12月14日，进贤县公安局交警大队温圳中队作出交通事故认定书，认定：胡某某夜间驾驶机动车时变更车道未注意相关车道内其他车辆通行是造成此次事故的主要原因，应承担此次事故的主要责任；刘某某夜间行驶在容易出事的路段未降低行驶速度是造成此次事故的次要原因，应承担此次事故的次要责任，乘车人熊某某无交通违法行为，不负本事故责任。大地保险江西分公司不服，申请交警对事故进行重新认定。2009年10月27日，进贤县公安局交警大队重新认定：刘某某驾驶赣AC××××号小客车行驶时，不注意与前车保持安全距离，是本次交通事故发生的根本原因，其负本次事故的全部责任；胡某某、熊某某、何某某不负本次事故的责任。法院认为，进贤县公安局交警大队温圳中队、进贤县公安局交警大队作出的两份道路交通事故认定书的责任认定，认定结果完全相反且两份责任认定书对本次事故各方当事人行为之间的因果关系及本次事故发生的原因未能进行综合分析认定，仅仅从赣AC××××号车追尾赣A×××××号车的结果认定赣AC××××号车驾驶员承担全部责任或次要责任均有失公平，法院依法不予采信；并依据本案证据确定由刘某某承担本次交通事故的主要责任即承担70%的责任，胡某某承担本次交通事故的次要责任即承担30%的责任。

法条

《中华人民共和国民法典》

第一千二百一十三条 机动车发生交通事故造成损害，属于该机动车一方责任的，先由承保机动车强制保险的保险人在强制保险责任限额范围内予以赔偿；不足部分，由承保机动车商业保险的保险人按照保险合同的约定予以赔偿；仍然不足或者没有投保机动车商业保险的，由侵权人赔偿。

第一千二百一十四条 以买卖或者其他方式转让拼装或者已经达到报废标准的机动车，发生交通事故造成损害的，由转让人和受让人承担连带责任。

第一千二百一十五条 盗窃、抢劫或者抢夺的机动车发生交通事故造成损害的，由盗窃人、抢劫人或者抢夺人承担赔偿责任。盗窃人、抢劫人或者抢夺人与机动车使用人不是同一人，发生交通事故造成损害，属于该机动车一方责任的，由盗窃人、抢劫人或者抢夺人与机动车使用人承担连带责任。

保险人在机动车强制保险责任限额范围内垫付抢救费用的，有权向交通事故责任人追偿。

《中华人民共和国道路交通安全法》

第七十三条 公安机关交通管理部门应当根据交通事故现场勘验、检查、调查情况和有关的检验、鉴定结论，及时制作交通事故认定书，作为处理交通事故的证据。交通事故认定书应当载明交通事故的基本事实、成因和当事人的责任，并送达当事人。

第七十四条 对交通事故损害赔偿的争议，当事人可以请求公安机关交通管理部门调解，也可以直接向人民法院提起民事诉讼。

经公安机关交通管理部门调解，当事人未达成协议或者调解书生效后不履行的，当事人可以向人民法院提起民事诉讼。

第七十六条 机动车发生交通事故造成人身伤亡、财产损失的，由保险公司在机动车第三者责任强制保险责任限额范围内予以赔偿；不足的部分，按照下列规定承担赔偿责任：

（一）机动车之间发生交通事故的，由有过错的一方承担赔偿责任；双方都有过错的，按照各自过错的比例分担责任。

（二）机动车与非机动车驾驶人、行人之间发生交通事故，非机动车驾驶人、行人没有过错的，由机动车一方承担赔偿责任；有证据证明非机动车驾驶人、行人有过错的，根据过错程度适当减轻机动车一方的赔偿责任；机动车一方没有过错的，承担不超过百分之十的赔偿责任。

交通事故的损失是由非机动车驾驶人、行人故意碰撞机动车造成的，机动车一方不承担赔偿责任。

事故责任赔偿范围的认定

道路交通事故赔偿项目，是指道路交通事故当中肇事者给予受害者的赔偿所包含的项目，主要可以分为人身损害赔偿项目和财产损失赔偿项目。

人身损害赔偿项目主要包括医疗费、误工费、护理费、交通费、住宿费、住院期间伙食补助费、营养费、鉴定费、残疾赔偿金、残疾辅助器具费、丧葬费、被扶养人生活费、死亡赔偿金、精神损害抚慰金。

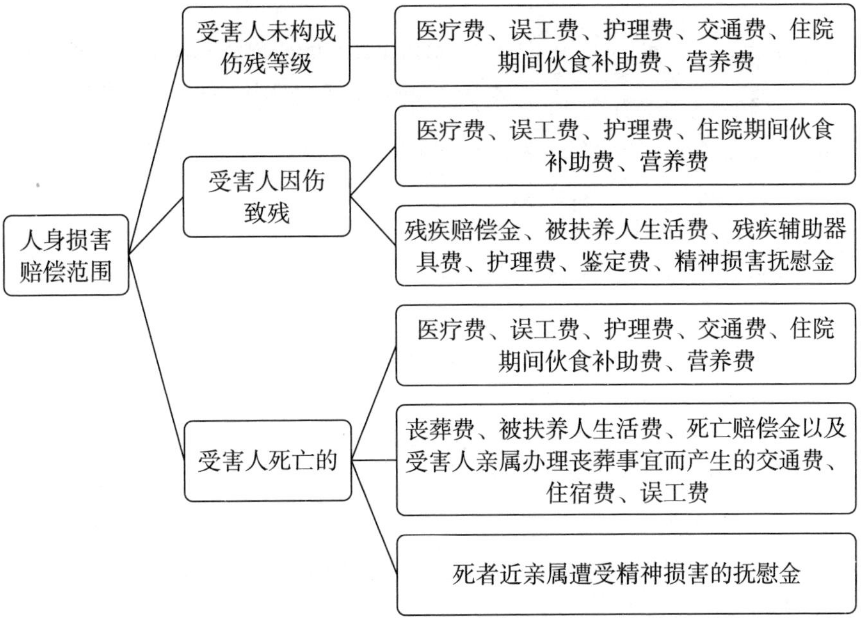

项目	释　义	赔付标准
医疗费	因治疗交通事故所受创伤使身体复原所必需的医药费和治疗费	根据医疗机构出具的医药费和住院费等收款凭证，结合病历和诊断证明等相关证据确定。赔偿义务人对治疗的必要性和合理性有异议的，应承担相应的举证责任。器官康复费和适当的整容费及其他后续费用，赔偿权利人可在实际发生后另行起诉。但根据医疗证明或鉴定结论确定必然发生的费用，可以与已经发生的医疗费一并予以赔偿
误工费	定残前道路交通事故伤者抢救治疗期间发生的费用	受害人有固定收入的，按实际减少的收入计算。受害人无固定收入的，按其最近三年的平均收入计算。受害人不能举证的可参照受诉法院所在地相同或相近行业上一年度职工的平均工资计算
护理费	交通事故伤者在抢救治疗期间因伤势严重生活不能自理，需专门人员护理的费用	护理人员有收入的，参照误工费规定计算。护理人员无收入或雇用护工的，参照当地护工从事同等级别护理的劳务报酬计算。护理期限应计算至受害人恢复生活自理能力时止。受害人因残疾不能恢复生活自理能力的，最长护理期限不得超过20年
伙食费	道路交通事故伤者住院抢救治疗期间所需补助伙食的费用	可参照当地国家工作人员一般伙食标准
交通费	伤、残者就医或办理丧葬事宜、参加事故处理等的车、船票费等	交通费根据受害人及其必要的陪护人员因就医或者转院治疗实际发生的费用计算，以正式凭据为证
营养费	根据受害人伤残情况参照医疗机构的意见决定	
住宿费	伤、残者到外地就医等，参加事故处理等需要住院、住亲属家以外的住宿费用	按交通事故发生地国家机关一般工作人员出差住宿标准
伤残补助费	因交通事故致残而给残者的生活补助费。按受诉法院所在地上一年度城镇居民人均可支配收入或农村居民年人均纯收入标准计算	按照伤残等级的十级，依次可分为100%、90%……10%： 1. 60岁以下：20年 × 平均生活费 × 等级（%）； 2. 60岁以上增一岁减一年：（20-）年 × 平均生活费 × 等级（%）； 3. 75岁以上：5年 × 平均生活费 × 等级（%）

人身损害赔偿中最常见，也是比较容易引发争议的是医疗费。交通事故发生后，为了确保医疗费用可以获得赔偿，还需要注意以下两点。

一是选择正规医疗机构。《最高人民法院关于审理人身损害赔偿案件适用法律若干问题的解释》第六条第一款规定，“医疗费根据医疗机构出具的医药费、住院费等收款凭证，结合病历和诊断证明等相关证据确定……”也就是说，医疗费需要根据病历、诊断证明、医疗费发票来核定，不包含收款收据、收条等非正式凭证。某些小诊所、小药房、理疗机构可能无法提供合法凭证，影响后续索赔。

二是治疗时长遵医嘱。在司法实践中有伤者拖延出院的情况。事实上，若对方提出异议，司法机关查明并非必要住院时间，会对该部分费用予以扣除。同时在达成私下赔偿协议的情况下，刻意缩短治疗时间也是不可取的。治疗时间既不要随意地拖延，也不要刻意地缩短，应以基本康复为主。出院后产生后续治疗费的，伤者可以依据医疗机构的相关证明或者鉴定机构出具的鉴定意见确定所需的后续治疗费数额，以此确定全部医疗费数额，也可以保留诉权另行起诉。

财产损失赔偿项目如下：

财产损失赔偿项目		审判实务认定
直接财产损失	车辆维修费、车载物品损失、车辆施救费用	予以支持
间接财产损失	必要且合理的替代性交通工具费用	予以支持
	停运损失	仅适用于营运车辆
	车辆贬值损失	不予支持

举个例子，一起交通事故发生后，原告向被告提出了各项损失赔偿请求，并提供了相应的依据。法院在听取被告对证据的质证意见后，逐项作出了认定。笔者将具体情况列表呈现如下：

具体项目	钱某某主张、计算方法及相应证据	石某某、某公司、保险公司抗辩及相关证据	法院认定
医疗费	572227.5元，提供医疗费发票、用药清单若干	钱某某住院和门诊期间存在不合理用药	按票据记载和鉴定意见，扣除无法审核合理性的医疗费789.02元（2015年1月23日、2015年2月23日、2015年3月24日门诊费用），认定为592273.33元（包括石某某垫付的17640.90元和某公司垫付的3194元）
住院期间伙食补助费	11730元（391天×30元/天），提供出院小结，证明住院天数	无异议	认定为11730元
营养费	9000元（180天×50元/天），提供鉴定意见书，证明营养期限	无异议	认定为9000元
定残前护理费	134112元（508天×132元/天/人×2人），提供鉴定意见书以证明护理期限，提供诊断证明书和陪护证明以证明住院期间需要二人护理	对护理标准和实际天数无异议，对护理人数有异议	认定护理费每天132元计算，护理时间为508天，其中住院期间391天二人护理，出院后117天一人护理，该项为118668元
定残后护理费	963600元（20年×132元/天×365天/年），提供鉴定意见书以证明钱某某护理依赖程度为完全护理依赖（一级）	对计算年限20年有异议，要求每年支付一次	综合考虑钱某某需要大部分护理依赖、钱某某的年龄、钱某某居住地的实际情况以及在本案中一次性处理尚未实际发生的护理费等因素，确认护理费标准为每天60元，护理时间为20年，故定残后的护理费为438000元

续表

具体项目	钱某某主张、计算方法及相应证据	石某某、某公司、保险公司抗辩及相关证据	法院认定
误工费	67056元（132元/天×508天），提供鉴定意见书以证明病休期限后，钱某某要求误工时间计算至第二次伤残鉴定前一日	对误工时间508天无异议，要求按服务业标准计算	确认误工期限为508天，钱某某无固定职业，其主张的计算标准符合法律规定，认定该项为67056元
残疾赔偿金	807860元（40393元/年×20年），提供鉴定意见书以证明钱某某的伤残等级	对护理标准和计算标准和年限无异议，对伤残等级有异议	根据本院委托的司法鉴定意见，认定该项为727074元
精神损害抚慰金	50000元，根据事故后果主张	根据事故责任，认可10000元	根据钱某某的伤残情况及事故责任，酌情认定为25000元
后续治疗费	10000元，未提供证据	不认可	缺乏依据，不予认可，钱某某可在实际发生后，另行主张
交通费	1000元，未提供证据	无异议	认定该项为1000元
电动车修理费	2000元，提供事故认定书证明电动车在事故中受损的事实	法院酌情确认	酌情确认为1000元
鉴定费	5149元，提供发票两张	按实计算	根据发票确认为5149元
合计	2543734.50元	—	1995950.33元

法条

《中华人民共和国民法典》

第一千二百一十六条　机动车驾驶人发生交通事故后逃逸，该机动车参加强制保险的，由保险人在机动车强制保险责任限额范围内予以赔偿；

机动车不明、该机动车未参加强制保险或者抢救费用超过机动车强制保险责任限额，需要支付被侵权人人身伤亡的抢救、丧葬等费用的，由道路交通事故社会救助基金垫付。道路交通事故社会救助基金垫付后，其管理机构有权向交通事故责任人追偿。

《最高人民法院关于审理人身损害赔偿案件适用法律若干问题的解释》

第六条 医疗费根据医疗机构出具的医药费、住院费等收款凭证，结合病历和诊断证明等相关证据确定。赔偿义务人对治疗的必要性和合理性有异议的，应当承担相应的举证责任。

医疗费的赔偿数额，按照一审法庭辩论终结前实际发生的数额确定。器官功能恢复训练所必要的康复费、适当的整容费以及其他后续治疗费，赔偿权利人可以待实际发生后另行起诉。但根据医疗证明或者鉴定结论确定必然发生的费用，可以与已经发生的医疗费一并予以赔偿。

第七条 误工费根据受害人的误工时间和收入状况确定。

误工时间根据受害人接受治疗的医疗机构出具的证明确定。受害人因伤致残持续误工的，误工时间可以计算至定残日前一天。

受害人有固定收入的，误工费按照实际减少的收入计算。受害人无固定收入的，按照其最近三年的平均收入计算；受害人不能举证证明其最近三年的平均收入状况的，可以参照受诉法院所在地相同或者相近行业上一年度职工的平均工资计算。

第八条 护理费根据护理人员的收入状况和护理人数、护理期限确定。

护理人员有收入的，参照误工费的规定计算；护理人员没有收入或者雇佣护工的，参照当地护工从事同等级别护理的劳务报酬标准计算。护理人员原则上为一人，但医疗机构或者鉴定机构有明确意见的，可以参照确定护理人员人数。

护理期限应计算至受害人恢复生活自理能力时止。受害人因残疾不能恢复生活自理能力的，可以根据其年龄、健康状况等因素确定合理的护理期限，但最长不超过二十年。

受害人定残后的护理，应当根据其护理依赖程度并结合配制残疾辅助器具的情况确定护理级别。

第九条 交通费根据受害人及其必要的陪护人员因就医或者转院治疗实际发生的费用计算。交通费应当以正式票据为凭；有关凭据应当与就医地点、时间、人数、次数相符合。

第十条 住院伙食补助费可以参照当地国家机关一般工作人员的出差伙食补助标准予以确定。

受害人确有必要到外地治疗，因客观原因不能住院，受害人本人及其陪护人员实际发生的住宿费和伙食费，其合理部分应予赔偿。

第十一条 营养费根据受害人伤残情况参照医疗机构的意见确定。

第十二条 残疾赔偿金根据受害人丧失劳动能力程度或者伤残等级，按照受诉法院所在地上一年度城镇居民人均可支配收入或者农村居民人均纯收入标准，自定残之日起按二十年计算。但六十周岁以上的，年龄每增加一岁减少一年；七十五周岁以上的，按五年计算。

受害人因伤致残但实际收入没有减少，或者伤残等级较轻但造成职业妨害严重影响其劳动就业的，可以对残疾赔偿金作相应调整。

第十三条 残疾辅助器具费按照普通适用器具的合理费用标准计算。伤情有特殊需要的，可以参照辅助器具配制机构的意见确定相应的合理费用标准。

辅助器具的更换周期和赔偿期限参照配制机构的意见确定。

第十四条 丧葬费按照受诉法院所在地上一年度职工月平均工资标准，以六个月总额计算。

第十五条 死亡赔偿金按照受诉法院所在地上一年度城镇居民人均可支配收入或者农村居民人均纯收入标准，按二十年计算。但六十周岁以上的，年龄每增加一岁减少一年；七十五周岁以上的，按五年计算。

第十六条 被扶养人生活费计入残疾赔偿金或者死亡赔偿金。

第十七条 被扶养人生活费根据扶养人丧失劳动能力程度，按照受诉法院所在地上一年度城镇居民人均消费性支出和农村居民人均年生活消费支出标准计算。被扶养人为未成年人的，计算至十八周岁；被扶养人无劳动能力又无其他生活来源的，计算二十年。但六十周岁以上的，年龄每增加一岁减少一年；七十五周岁以上的，按五年计算。

被扶养人是指受害人依法应当承担扶养义务的未成年人或者丧失劳动能力又无其他生活来源的成年近亲属。被扶养人还有其他扶养人的，赔偿义务人只赔偿受害人依法应当负担的部分。被扶养人有数人的，年赔偿总额累计不超过上一年度城镇居民人均消费性支出额或者农村居民人均年生活消费支出额。

第十八条 赔偿权利人举证证明其住所地或者经常居住地城镇居民人均可支配收入或者农村居民人均纯收入高于受诉法院所在地标准的，残疾赔偿金或者死亡赔偿金可以按照其住所地或者经常居住地的相关标准计算。

被扶养人生活费的相关计算标准，依照前款原则确定。

第十九条 超过确定的护理期限、辅助器具费给付年限或者残疾赔偿金给付年限，赔偿权利人向人民法院起诉请求继续给付护理费、辅助器具费或者残疾赔偿金的，人民法院应予受理。赔偿权利人确需继续护理、配制辅助器具，或者没有劳动能力和生活来源的，人民法院应当判令赔偿义务人继续给付相关费用五至十年。

第二十条 赔偿义务人请求以定期金方式给付残疾赔偿金、辅助器具费的，应当提供相应的担保。人民法院可以根据赔偿义务人的给付能力和提供担保的情况，确定以定期金方式给付相关费用。但是，一审法庭辩论终结前已经发生的费用、死亡赔偿金以及精神损害抚慰金，应当一次性给付。

第二十一条 人民法院应当在法律文书中明确定期金的给付时间、方式以及每期给付标准。执行期间有关统计数据发生变化的，给付金额应当适时进行相应调整。

定期金按照赔偿权利人的实际生存年限给付，不受本解释有关赔偿期限的限制。

行动指南：车险的种类和购买建议

车险分交强险和商业险。交强险是国家强制要求交的，全称为机动车交通事故责任强制保险。顾名思义，其是指在被保险车辆发生道路交通事故造成本车人员、被保险人以外的第三人人身伤害或者财产损失时，由保险公司在保险限额内予以赔偿的强制责任保险。交强险的社会功能有：不分责任大小，限额范围内全额赔付；受害人伤情较重的，及时保障受害人的救治权利。由此，道路交通事故中受害人伤情较重，无力支付高额医疗费用时，应积极与交强险承保保险公司协商、沟通，极尽发挥交强险及时救助伤者的社会功能。

商业险其实是一个组合，包含很多细项险种如机动车损失险、第三者责任险、车上人员责任险、全车盗抢损失险、车身油漆单独损伤险（划痕险）、涉水险，各项不计免赔、指定专修厂特约等。其中最重要的是第三者责任险（俗称商业三者险），该保险是指被保险人或其允许的驾驶人员在使用保险车辆过程中发生意外事故，致使第三者遭受人身伤亡或财产直接损毁，依法应当由被保险人承担的经济责任，由保险公司负责赔偿。该保险有以下几个特点。

首先，第三者责任险是赔给第三者的，不包括自己的家人。

比如，一人在倒车时，经验不足，让家人站在车后，结果技术不熟练把油门当刹车，造成家人死亡，这种情况车险不能理赔。如果死者是外人，则可以理赔。这样规定也是为了防止骗保，故意伤害家人。

其次，没有分项赔偿原则，有损就赔。

再次，不累积保险金额，如投保10万元的三者，第一次出险理赔后，第二次保险金额还是10万元，不会因第一次理赔过而减去上一次赔偿的金额。

最后，保险金额。例如，600元左右保10万元，800元左右保20万元，

1000元左右保30万元。通常建议投保额度在100万元以上，在一线城市生活建议投保200万元。

具体整理如下表：

<table>
<tr><th></th><th colspan="4">机动车交通事故责任强制保险</th><th>商业机动车
第三者责任险</th></tr>
<tr><td rowspan="2">强制性</td><td colspan="3" rowspan="2">★强制订立交强险合同</td><td>强制投保</td><td rowspan="2">自愿订立商业保险合同</td></tr>
<tr><td>强制承保</td></tr>
<tr><td>合同解除</td><td colspan="4">无法定事由不得解除保险合同，双方不得协商解除</td><td>允许双方协商解除保险合同；
允许投保人退保</td></tr>
<tr><td rowspan="3">责任限额</td><td>—</td><td>医疗费</td><td>死亡/伤残</td><td>财产损失</td><td rowspan="3">保险费率、责任限额由保险公司自行调整</td></tr>
<tr><td>被保险人有赔偿责任</td><td>10000元</td><td>110000元</td><td>2000元</td></tr>
<tr><td>被保险人无赔偿责任</td><td>1000元</td><td>11000元</td><td>100元</td></tr>
<tr><td>赔偿责任承担</td><td colspan="4">无责任赔偿，不以被保险机动车承担赔偿责任为前提</td><td>根据事故类型确定归责原则，以被保险机动车承担赔偿责任为前提</td></tr>
</table>

商业险一般会受到保险公司的保险条款、投保单、批单和特别约定条款约束，即各种情况的“责任免除”，需要在投保时特别注意。

案例：2013年3月10日，黄某驾驶一辆厢式货车由南吕往福州方向行驶，车辆碰上停在主车道与应急车道之间的另一辆货车左后部和驾驶人王某，造成王某死亡和两车受损的交通事故。经交管部门认定，黄某承担本次事故的主要责任，受害人王某承担事故的次要责任。肇事车辆为某物流公司所有，且在保险公司投保了交强险、商业三者险（限额30万元及不计免赔率）。黄某驾驶的货车存在超载行为，按照商业三者险的约定，保险公司享有扣减10%的免赔，而黄某认为保险人未向其履行明确告知义务，这一免责条款系格式条款，应认定无效。后法院经审理认为，保险公司有义务举证证明其在承保时，已对该免除责任条款尽到提示和明确告知义务。保险公司向法院提交了有物流公司盖章的书面证据表明保险公司尽到了相应的免责告知义务，投保人接受并认可这一免责条款。据此，保险公司在黄某超载的情况下，在商业险范围内享有10%的免赔率。

法条

《中华人民共和国道路交通安全法》

第七十五条 医疗机构对交通事故中的受伤人员应当及时抢救，不得因抢救费用未及时支付而拖延救治。肇事车辆参加机动车第三者责任强制保险的，由保险公司在责任限额范围内支付抢救费用；抢救费用超过责任限额的，未参加机动车第三者责任强制保险或者肇事后逃逸的，由道路交通事故社会救助基金先行垫付部分或者全部抢救费用，道路交通事故社会救助基金管理机构有权向交通事故责任人追偿。

第七十六条 机动车发生交通事故造成人身伤亡、财产损失的，由保险公司在机动车第三者责任强制保险责任限额范围内予以赔偿；不足的部分，按照下列规定承担赔偿责任：

（一）机动车之间发生交通事故的，由有过错的一方承担赔偿责任；双方都有过错的，按照各自过错的比例分担责任。

（二）机动车与非机动车驾驶人、行人之间发生交通事故，非机动车驾驶人、行人没有过错的，由机动车一方承担赔偿责任；有证据证明非机动车驾驶人、行人有过错的，根据过错程度适当减轻机动车一方的赔偿责任；机动车一方没有过错的，承担不超过百分之十的赔偿责任。

交通事故的损失是由非机动车驾驶人、行人故意碰撞机动车造成的，机动车一方不承担赔偿责任。

图书在版编目 (CIP) 数据

民法典法律常识七堂课 / 裘洁著. —北京：中国法制出版社，2021.5
ISBN 978-7-5216-1848-8

Ⅰ. ①民…　Ⅱ. ①裘…　Ⅲ. ①民法－法典－基本知识－中国
Ⅳ. ① D923

中国版本图书馆 CIP 数据核字（2021）第 081068 号

策划编辑 / 责任编辑：吕静云（lvjingyun0328@sina.com）　　封面设计：杨鑫宇

民法典法律常识七堂课
MINFADIAN FALÜ CHANGSHI QITANGKE

著者 / 裘　洁

经销 / 新华书店

印刷 / 三河市国英印务有限公司

开本 / 710 毫米 ×1000 毫米　16 开　　印张 / 14　字数 / 200 千

版次 / 2021 年 5 月第 1 版　　2021 年 5 月第 1 次印刷

中国法制出版社出版
书号 ISBN 978-7-5216-1848-8　　定价：45.00 元

北京西单横二条 2 号　邮政编码 100031　　传真：010-66031119

网址：http://www.zgfzs.com　　**编辑部电话：010-66034985**

市场营销部电话：010-66033393　　**邮购部电话：010-66033288**

（如有印装质量问题，请与本社印务部联系调换。电话：010-66032926）